LE

# SAINT MORS

*(Le Saint-Clou de Carpentras)*

## ET SON RELIQUAIRE

PAR MONSEIGNEUR TERRIS

ÉVÊQUE DE FRÉJUS

ANCIEN CURÉ ARCHIPRÊTRE DE SAINT SIFFREIN A CARPENTRAS

CHANOINE HONORAIRE

*NOUVELLE ÉDITION*

*In die illâ erit quod super frænum equi est sanctum Domino.*

En ce jour-là le mors du cheval sera consacré au Seigneur!

(ZACHAR., XIV, 20.)

CARPENTRAS

IMPRIMERIE JOSEPH SEGUIN, ÉDITEUR

10, RUE PORTE-MONTEUX, 10

1897

SE VEND AU PROFIT DES ÉCOLES LIBRES

LE

# SAINT MORS

*( Le Saint-Clou de Carpentras )*

# ET SON RELIQUAIRE

Par Monseigneur TERRIS

ÉVÊQUE DE FRÉJUS

ANCIEN CURÉ ARCHIPRÊTRE DE SAINT SIFFREIN A CARPENTRAS

CHANOINE HONORAIRE

*NOUVELLE ÉDITION*

> *In die illâ erit quod super frœnum equi est sanctum Domino.*
>
> En ce jour-là le mors du cheval sera consacré au Seigneur !
>
> (Zachar., XIV, 20.)

CARPENTRAS

IMPRIMERIE JOSEPH SEGUIN, ÉDITEUR

10, RUE PORTE-MONTEUX, 10

1897

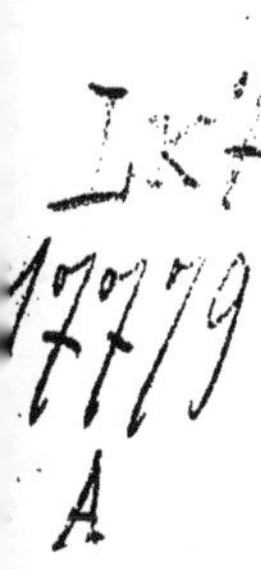

# APPROBATION

DE MONSEIGNEUR LOUIS ANNE DUBREIL

**Archevêque d'Avignon**

*Vu le rapport de la commission chargée de l'examiner, nous approuvons la notice faite par M. l'Abbé* TERRIS, *curé-archiprêtre de Carpentras, sur la précieuse relique du* SAINT CLOU *possédée par l'église de Saint-Siffrein, et nous en autorisons l'impression.*

AVIGNON, le 12 mai 1874

† LOUIS, *archevêque d'Avignon.*

LE

# SAINT MORS DE CARPENTRAS

## ET SON RELIQUAIRE

Aucun voyageur ne visite la ville de Carpentras sans demander quelle est la signification, quelle peut être surtout l'origine de l'étrange blason reproduit sur tous les monuments de l'ancienne et gracieuse capitale du Comtat-Venaissin. Les experts en science héraldique l'énoncent « de gueules au mors d'argent. » C'est, en effet, un mors de cheval, non pas dans sa forme moderne, pas même dans celle qu'il affectait à l'époque où les armoiries prirent naissance, mais avec les caractères particuliers que donnaient au *frœnum* les éperonniers romains.

Si vous demandez au premier venu des habitants de Carpentras quel est ce signe et pourquoi ce mors de cheval, il vous répondra : c'est le SAINT CLOU. Nouveau problème, à moins que vous ne sachiez que l'ancienne cathédrale de Carpentras possède, dans le trésor de ses reliques, le MORS que sainte Hélène fit fabriquer, avec l'un des clous de la Passion, pour le cheval de bataille de son fils Constantin. Célèbre autrefois, cette relique semble ne plus être connue que dans le pays même où elle est vénérée. En rappeler l'existence et l'histoire ne peut qu'être agréable aux âmes chrétiennes et intéressant pour les archéologues et les érudits ; nous le ferons sommairement, et l'on nous permettra d'ajouter à ce récit la description du magnifique reliquaire récemment inauguré.

# I

## LA RELIQUE

L'impératrice sainte Hélène, ayant retrouvé à Jérusalem la vraie croix du Sauveur et les principaux instruments de la Passion, réserva pour son fils Constantin une partie considérable de ces précieuses reliques ; elle lui apporta notamment les clous qui avaient percé les pieds et les mains de Jésus-Christ, *clavos etiam attulit filio*, dit le bréviaire romain [1].

D'après le récit de saint Ambroise, deux de ces clous furent transformés, sous la pieuse et maternelle inspiration de sainte Hélène ; l'un en un mors pour le cheval de bataille de Constantin ; l'autre en une lame qu'on enchâssa dans la couronne impériale : *De uno clavo frœnos fieri præcepit, de altero diadema intexuit..... utroque usus est Constantinus* [2]. La plupart des auteurs contemporains constatent le même fait ; les légères variantes avec lesquelles ils le présentent, loin d'altérer son essence, ne font qu'affermir sa certitude [3]. Les bornes d'une simple notice ne permettent ni de citer les textes, ni d'entrer dans les discussions qu'ils ont soulevées parmi des écrivains plus récents, dont les interprétations peuvent varier, mais qui du moins s'accordent sur un point : l'existence d'un mors de cheval fait avec le fer sacré des clous de la Passion.

---

(1) Brev. rom., in festo Invent. S. Crucis.

(2) « De l'un des clous elle ordonna de faire un mors de cheval ; elle en enchâssa un autre dans un diadème... Constantin se servit de l'un et de l'autre. » (S. Ambroise, *De Obitu Theodosii oratio*, 47.) On est en droit de s'étonner que M. Villemain, dans son *Tableau de l'éloquence chrétienne au IVe siècle*, ait ici substitué Théodose à Constantin. Ce n'est pas d'ailleurs la seule preuve de la légèreté avec laquelle l'illustre académicien a lu les ouvrages, apprécié l'attitude et jugé l'éloquence des pères.

(3) S. Cyrille de Jérusalem, témoin oculaire, *Epist. ad Constant.* et *Catech. IV*. — S. Paulin, *Epist., ad Sever.* — Rufin, lib. II, c. 7 et 8. — Socrate, lib. I. c. 17. — Sozomène, lib., II, c. 1. — Théodoret, lib. I, c. 18. — Voir encore Baronius, *Annal. eccles.*, ann. 575, XV, etc., etc.

Que l'idée de cette transformation présente quelque chose d'étrange, je ne le conteste pas. Il ne faut pas cependant se hâter de crier à la profanation, encore moins plaisanter sacrilégement, comme l'a fait Calvin. Si l'on se reporte à l'époque où vivait sainte Hélène, si l'on se rend compte du sentiment qui l'inspira, dans sa double préoccupation de faire régner Jésus-Christ et de lier Constantin à la foi par une protection divine dont elle avait déjà tant de preuves, on ne tardera pas à excuser sa hardiesse.

C'est pourquoi saint Ambroise, insistant longuement sur cette transformation, dans sa belle *Oraison funèbre de Théodose*, loin de blâmer sainte Hélène, l'exalte comme « visitée de Dieu « pour relever les rois et pour les instruire; elle place la croix « sur leur front pour qu'elle y soit adorée, la croix dans leurs « mains pour qu'elle les dirige ; la couronne est faite de la « croix, afin que la foi resplendisse; le frein est fait de la croix, « afin que la vraie puissance gouverne ; un clou de Jésus-Christ « sur le front, où est l'intelligence, un autre clou de Jésus- « Christ dans les mains, où est le commandement..... Les rois « abusaient de leur indépendance pour courir au vice, ils s'y « précipitaient comme des êtres sans raison; voici la croix du « Seigneur qui les domptera et qui les relèvera de leurs chutes... « Cette transformation des clous de Jésus-Christ n'est donc pas « de l'insolence », conclut saint Ambroise, « elle est un acte de « piété », *non insolentia ista, sed pietas est* [1].

Ainsi conclut encore un éminent prélat de notre temps, Mgr Scandella, évêque d'Antinoë, vicaire apostolique de Gibraltar, dans un volume remarquable qu'il vient de publier sous le titre: *De la Cruz del Senor* (Gibraltar, 1871). « Assurément, « dit-il, l'usage auquel sainte Hélène employa l'un des clous « fut, sinon inconvenant, au moins étrange. Malgré cela, il n'est « pas permis de mettre en doute les intentions de la pieuse mère. « Elle se proposa vraisemblablement d'insinuer à son fils que, « dans le clou sanctifié par le sang du Fils de Dieu, devait se trou-

(1) *De Obitu Theod. orat.* 47, 48, 51.

« ver le frein qui subjuguerait la fureur indomptable de ses « passions. » *Uso per cierto, sino indecoroso, per lo menos estrano. Sin embargo, de las santas intenciones de la piadosa madre non es licito dudar. Tal vez se propuso indicar a su hijo que al clavo santificado por la sangre del Hijo de Dios, debia ser el freno que contuviera la furia indomita de sus passiones.*

Il n'est pas probable qu'après la mort de Constantin ses successeurs aient continué à armer leurs chevaux du saint Mors. Nous savons par les auteurs contemporains avec quel soin la vraie croix était gardée dans le trésor du palais impérial, d'où on ne la sortait que deux fois par an pour l'exposer à la vénération publique, parmi toutes les pompes de l'Eglise et de la Cour. Les autres instruments de la Passion ne pouvaient être traités qu'avec le même respect et entourés de la même magnificence.

Bientôt d'ailleurs apparaissent des preuves de cette vénération. L'idée chrétienne s'était développée ; les derniers vestiges du paganisme tendaient à disparaître; la foi mieux comprise élevait les âmes et les éclairait ; ce que l'amour maternel et la piété de sainte Hélène s'étaient cru permis n'aurait plus trouvé la même tolérance; transformé en mors de cheval, le clou de la passion devait reprendre sa place parmi les reliques les plus précieuses.

C'est à ce titre que nous le retrouvons, au milieu du sixième siècle, produit solennellement, en plein concile général, comme l'un des principaux témoins du serment que prêta le pape Vigile : *Et juravit Beatissimus Papa Vigilius... per virtutem sanctorum clavorum ex quibus crucifixus est Dominus Deus noster, et per sancta quatuor Evangelia, ità per istam virtutem sancti frœni* [1]. Ce n'est pas, certes, le pape Vigile, si prudent, si réservé, si énergique contre les prétentions du théologue Justinien, et si justement en garde contre les surprises des courtisans, qui eût accepté légèrement de faire dépositaire de sa parole un objet sans

(1) « Et le Bienheureux Pape Vigile jura... par la vertu des saints clous avec lesquels fut crucifié le Seigneur notre Dieu, et par les quatre saints évangiles, de même par la vertu spéciale du saint Mors. » Baluze, t. I, *Act. conc. quinti*, p. 1544. — *Fontanini, de Cor. ferr.*, p. 11.

valeur et ne méritant aucun respect. Son serment est ici, pour l'authenticité du saint Mors, comme une nouvelle consécration.

Quelques années plus tard, l'empereur Justin le Jeune, d'après le récit de Grégoire de Tours, son contemporain, est délivré d'une obsession par l'imposition de la relique : *Cum tertia die frœnum capiti collocasset, locum insidiandi inimicus ultra non habuit* [1].

A dater de ce moment, le silence se fait ; il est question, de temps en temps, de quelques autres instruments de la Passion, de la Couronne de fer, par exemple, et de la Lance dont on peut voir l'histoire dans l'intéressante dissertation de Mgr Scandella. Mais le Mors de Constantin, comme la Colonne de la Flagellation, comme la Couronne d'épines, ne reparaît qu'au XII^e^ et au XIII^e^ siècle. Au XII^e^ siècle, il est signalé, par un chroniqueur scandinave de cette époque, l'auteur anonyme du *Skálholtsbók* qui cite formellement, parmi les reliques vénérées à Constantinople, le *mors du roi Constantin, Beisl Constantini Konimgs* [2]. A dater du XIII^e^ siècle, sans qu'il en soit jamais plus question dans l'Orient, on le retrouve à Carpentras. Comment y fut-il apporté ?

On ne peut tenir compte de l'assertion historiquement inadmissible d'après laquelle il aurait été donné au père de saint Siffrein par l'empereur Constantin lui-même. On ne peut guère admettre davantage les hypothèses purement gratuites de certains chroniqueurs qui le font soustraire au trésor de Constantinople, sous Tibère II, sous Léon l'Isaurien ou sous Nicéphore

(1) « Dès qu'il eut, le troisième jour, placé le Mors sur sa tête, l'ennemi ne trouva plus moyen de le surprendre. » — Gregor. Turon., *De Gloria martyrum*, lib. I, c. 6. — Baronius, *loc. cit.*

(2) *Beisl*, qui a été traduit ailleurs par *bride*, signifie également *mors*. Le *Skálholtsbók*, publié dans les *Antiquités russes* (Copenhague, 1850-1852, gr. in-4°, T. II, p. 416) est une chronique scandinave ancienne (norraine) composée vers la fin du XIII^e^ siècle ; elle reproduit différentes sources. La liste qu'elle donne des reliques vénérées à Constantinople doit être antérieure à 1167, date de la translation, de cette ville à Jérusalem, du bras de S. Philippe. Cette liste pourrait bien avoir été faite d'après les notes de Nicolas, abbé islandais, mort en 1158. On aura du plaisir à consulter à ce sujet le savant ouvrage de M. le comte Riant, *Histoire des Scandinaves en Terre-Sainte*, p. 69.

Botaniate. Ce qu'il y a de plus probable, c'est que l'église de Carpentras en a été enrichie à l'époque des Croisades. Est-ce au retour de la première ?

Quelques écrivains l'ont pensé, s'appuyant sur le rôle considérable réservé dans cette guerre à Raymond IV, comte de Toulouse, sur ses soins pieux à rechercher les reliques de la Passion, notamment la Lance dont fut percé Notre-Seigneur, sur ses relations amicales avec l'empereur Alexis, et ils ajoutent que Raymond, ayant été suivi en Orient par un grand nombre de ses sujets de la Provence et du Comté Venaissin, l'un de ceux-ci aurait bien pu rapporter dans son pays le saint Mors pris ou donné à Constantinople. Toute ingénieuse qu'elle paraisse, cette hypothèse est au moins très contestable. Si un objet de ce prix eût été apporté d'Orient sur la fin du XI^e^ siècle, comment l'auteur du *Skálholtsbók* le retrouve-t-il, au siècle suivant, à Constantinople, et comment la première preuve authentique de sa présence à Carpentras n'apparaît-elle que plus de cent ans après, en 1226, ainsi que nous le verrons tout à l'heure ?

Cette date de 1226 concorde au contraire avec le retour de la quatrième Croisade, surtout si l'on veut tenir compte des délais qu'imposait à la prudence épiscopale l'obligation de constater la véracité du donateur et l'absence du saint Mors dans les autres églises de la chrétienté. Ce serait donc à la prise de Constantinople, en 1204, que remonterait l'enlèvement de la relique, et aux années suivantes qu'il faudrait fixer son arrivée à Carpentras. Cette opinion est de toutes la plus probable ; elle a été acceptée et défendue par les auteurs les plus accrédités et les plus sérieux [1].

(1) Expilly, *Dictionnaire géographique des Gaules et de la France*, art. *Carpentras*. — L'abbé Fabre de Saint-Veran, *Recherches et documents sur le saint Clou de la cathédrale de Saint-Siffrein*. Ce mémoire, dont le manuscrit est conservé à la bibliothèque d'Inguimbert à Carpentras, a été imprimé dans la *Monographie de l'église cathédrale Saint-Siffrein de Carpentras*, par MM. Andréoli et Lambert, Paris, Bance. — L'abbé Ricard, *Notice historique sur le saint Mors de l'empereur Constantin*, Lyon, Pélagaud. — Il m'est doublement agréable de rappeler les travaux de mon vénérable ami, M. l'abbé Ricard, le pieux et infatigable collectionneur de l'histoire carpentrassienne. C'est à lui que je dois plusieurs des documents que je cite.

On sait combien fut considérable le pieux butin que les Français apportèrent de Constantinople. Leur ardeur au pillage, trop aigrement flétrie par le patrice Nicetas, était inspirée chez plusieurs, bien moins par la soif du gain que par un sentiment de foi qui les poussait à arracher aux infidèles les monuments sacrés du christianisme. « Tandis que la plupart des guerriers enlevaient « l'or, les pierreries, les tapis et les riches étoffes de l'Orient, « les plus dévots des pélerins, et surtout les ecclésiastiques, « recueillaient un butin plus innocent et plus fait pour des soldats de Jésus-Christ. Plusieurs bravèrent les défenses de leurs « chefs et de leurs supérieurs, et ne dédaignèrent point d'employer tour-à-tour les supplications et les menaces, la ruse et la « violence, pour se procurer quelques reliques, objet de leur « respect et de leur vénération... On avait désigné trois églises « dans lesquelles les dépouilles de Constantinople devaient être « déposées. Les chefs ordonnèrent aux croisés d'apporter en « commun le produit du butin, et menacèrent de la peine de « mort et de l'excommunication tous ceux qui déroberaient le « prix de la valeur et la récompense réservée aux travaux de « toute l'armée. Plusieurs soldats, et même quelques chevaliers, « se laissèrent entraîner à l'avarice, et retinrent des objets précieux tombés entre leurs mains. *Ce qui fit,* dit le maréchal de « Champagne, *que le Seigneur commença à les aimer moins* » [1]. De là vinrent tant de précieuses dépouilles dont s'enrichirent alors et dont s'enorgueillissent encore plusieurs églises de France. « Toutes, à la vérité, ne produisent pas des titres qui imposent « également l'obligation d'y déférer. Il est pourtant croyable, à « ne considérer que la disposition où étaient alors les esprits, « qu'il ne s'y mêla point d'imposture, et que les reliques dont « l'on peut montrer la possession jusqu'à cette époque, purent

(1) Michaud, *Histoire des Croisades*, Livre XI. Villehardouin, en parlant de la justice rigoureuse qu'on exerça contre ceux qui cherchèrent à détourner quelque chose du pillage, dit : « Et en y eust tout plein de pendus. Le comte « Messire de Saint Paul en fist astacher un des siens, l'escu au col, convaincu « d'en avoir restenu ; il y en eust cependant d'autres petits et grands qui en « recelèrent auxquels n'appartenaient pas de droit. » (Livre V.)

« au moins passer pour avoir été recueillies de bonne foi sur la « tradition des Grecs. Dans le reste, l'autorité des Pasteurs, « quand ils se sont expliqués, et les sentiments qu'il convient « d'avoir d'une Providence benignement attentive à tout ce qui « fait partie d'un culte religieux, fournissent des motifs qui ras- « surent contre les difficultés des critiques. » [1].

Quel fut le croisé, prêtre ou chevalier, vénitien ou français, [2] mais plus probablement comtadin séparé des troupes de Simon de Montfort, qui eut la joie d'apporter à l'évêque de Carpentras le Mors de Constantin ? Son nom ne nous est pas resté. Le fameux incendie qui marqua la réunion du conclave à Carpentras, après la mort de Clément V, ayant dévoré dans le palais épiscopal et la sacristie ceux des titres de la cathédrale qui y étaient conservés, détruisit sans doute les documents originaux relatifs au saint Clou [3]. Mais pour établir son authenticité, rien du moins ne manque de ce que prescrit le concile de Trente, de ce qu'exige Urbain VIII dans sa bulle de 1625, rien non plus

(1) Le P. Fontenai, *Histoire de l'église Gallicane*, T. x, Liv. XXIX. On peut voir, dans cet ouvrage et dans Michaud, le récit fort intéressant de la manière dont plusieurs reliques furent trouvées et enlevées, notamment par deux prêtres, Martin-Litz et Galon de Dampierre.

(2) M. le comte Riant, qui a fait des recheches spéciales sur les objets pris par les Latins à Constantinople, en 1204, penche à croire que la relique de Carpentras pourrait bien avoir été apportée d'Orient par le fameux Ponce de Chapponay, *Pontius de Lugduno*, le même qui enrichit la Primatiale de Lyon du fragment de la vraie croix, actuellement conservé dans ce sanctuaire. Ponce avait reçu cette relique de l'empereur latin Henri de Hainaut, dont il était le banquier. La chrysobulle de donation (1208) vient d'être publiée par M. Meynis en appendice à son ouvrage sur les *Reliques de Lyon*. Le même empereur n'aurait-il pas livré en même temps, à tire de don ou de gage, le saint Mors de Constantin, et Ponce ne l'aurait-il pas cédé à l'évêque de Carpentras ? Les documents nous manquent pour élucider la question.

(3) On sait que le conclave réuni dans le palais épiscopal de Carpentras ne put aboutir, et que les cardinaux furent dispersés au milieu de la lutte sanglante qui éclata entre les italiens et les soldats gascons. Ceux-ci mirent le feu au palais, et une partie considérable de la ville devint la proie des flammes. *Vascones in palatio ignem posuerunt per quem combusta est pars maxima civitatis.* (Prima vita Joannis XXII, auctore Joanne canonico S. Victoris Parisiensis, dans Baluze, t. I, col. 113). On peut consulter encore, dans Baluze, t. II, col. 286 et seq., la « Lettre encyclique des cardinaux Italiens sur l'incendie de la ville de Carpentras. » — Giov. Vill., t. IX, c. 79. — S. Anton., t. III, tit. XXI. *Chronique de S. Denys*, t. XX. de Dom Bouquet, p. 691.

Indépendamment de cet incendie, le feu, d'après une tradition venue jusqu'à nous, dévora une seconde fois les archives de Saint-Siffrein. Dans un manuscrit fort curieux du commencement du dix-septième siècle, muni du sceau du chapitre, et qui n'était autre probablement que le registre dont de ce que désirent, comme preuves surabondantes, les règles canoniques et les usages de l'Eglise. Nous résumerons ces preuves sous quatre titres : « la possession, les approbations épiscopales, les témoignages des souverains Pontifes, et le culte traditionnel. »

1° Nous avons d'abord la POSSESSION, une possession six fois séculaire, incontestée, et contre laquelle ne réclame aucune Eglise du monde. On a pu se préoccuper du nombre en apparence exagéré des clous vénérés en divers lieux, comme ayant servi à la Passion du Sauveur. Nous n'avons ni à contredire ni à légitimer leur origine; ce qu'il y a de certain, c'est que l'un de ces clous ayant été transformé en mors de cheval, l'église de Carpentras est la seule à le revendiquer.

A peine un doute avait-il pu s'élever au sujet du saint Clou vénéré à Milan, sur le dire de quelques auteurs plus soucieux des gloires milanaises que de la vérité historique; mais ce doute ne tarda pas à disparaître devant un examen sérieux qui, sans infirmer l'authenticité de la relique rendue célèbre par le culte dont l'entoura saint Charles Borromée, laisse Carpentras possesseur privilégié du mors de Constantin. Ainsi le reconnaissait l'abbé Sassi, conservateur de la bibliothèque ambroisienne de Milan, dans une lettre écrite, vers le milieu du siècle dernier, à Fornéry, auteur de l'*Histoire ecclésiastique et civile du Comté Venaissin et de la ville d'Avignon* [1].

l'évêque Bardi avait ordonné la rédaction, on lisait : « Jean Brémond, prestre sous-sacristain, ajoute qu'il avoit entendu dire à un ancien chanoine que, par la faute d'un sous-sacristain, le feu s'estoit mis aux archives et que plusieurs documents relatifs au sainct Clou avoient péri. » M. l'abbé André, docteur en droit canonique, curé de Lagnes, à l'obligeance duquel nous devons cette communication, a heureusement pris une copie authentique de ce manuscrit aujourd'hui disparu, et qui avait pour titre : *Livre du saint Clou, gardé religieusement en l'église cathédrale de S. Siffrein.*

A l'appui de cette tradition, M. Barrès, le savant conservateur de la Bibliothèque d'Inguimbert, nous a montré aux archives de l'Hôtel-de-Ville de Carpentras (cote B. B. n° 65, fol. 94), une requête adressée au Souverain Pontife, en 1446, dans laquelle il est fait mention d'un incendie dont avait beaucoup souffert la cathédrale alors en construction.

(1) Mss. de la bibliothèque d'Avignon et de celle de Carpentras. — La lettre de l'abbé Sassi a été imprimée dans la *Ricolta milanese*, fol. 17. — Ceux qui désireraient plus de détails sur cet antagonisme, aujourd'hui évanoui, entre

Il n'y aurait eu d'ailleurs qu'à vérifier la forme de notre relique et à comparer : « Le clou de Carpentras, dit M. Rohault de « Fleury, est un véritable mors de cheval, semblable à ceux dont « les Romains avaient coutume de se servir. On en peut voir « des modèles au Musée d'artillerie de Paris et à la Bibliothèque « impériale. La partie intérieure, que les éperonniers appellent « canon ou embouchure, est longue de 17 centimètres. Le mors » est entier : c'est un filet en deux parties qui se pénètrent en « formant une espèce de charnière ; l'une des boucles est entiè- « rement soudée, l'autre est fermée à chaud et non soudée ; au « canon sont attachées deux branches qui ont chacune 160 milli- « mètres de long et 11 millimètres de diamètre. On remarque à « chaque extrémité un fourreau en argent doré de 50 millimè- « tres de long ; à l'extrémité de l'embouchure, c'est-à-dire vers « le milieu des branches, pendent deux anneaux assez longs et « de deux grandeurs différentes. La forge de cette pièce est difficile « par son ajustement avec l'appendice des branches ; elle est soi- « gnée et apparente ; on ne voit pas de trace de lime. Le mors « entier pèse 350 grammes [1]. »

---

Milan et Carpentras, les trouveront très bien exposés dans la *Notice* de M. l'abbé Ricard, *Lettres IX et XII*.

Nous recommandons également, et il nous tardait de le faire, le magnifique *Mémoire sur les instruments de la Passion*, récemment publié par M. Rohault de Fleury (Paris. Lessort.) En y retrouvant le dessin du saint Clou de Milan, on se convaincra combien peu il ressemble à un mors de cheval.

A tous les auteurs déjà cités, qui proclament l'authenticité de la relique de Carpentras, nous pouvons ajouter Browerus, *Annal Trevir.* ; — Ant. Godeau, *Histoire de l'Eglise* ; — Richard Simon, *Grand dictionnaire de la Bible*, art. *Croix* ; — Fontanini, de *Coronâ ferreâ* ; — Baillet, *Vie des Saints*, t. IX, p. 265 ; — *Voyage littéraire de deux religieux bénédictins* ; Paris, 1718, 1ère partie, p. 289 ; — *Mémoires de Trévoux*, 1712, septembre, art. CXXIV ; — le P. Richard, *Dictionnaire Universel*, art. *Croix*. Nous pourrions mentionner aussi les auteurs qui ont parlé de la relique de Carpentras avec une légèreté trop fréquente, même chez des écrivains d'ailleurs bien intentionnés. Bornons-nous à citer le plus récent, M. l'abbé Habert, aumônier du lycée de Clermont, qui, dans un volume richement imprimé en 1867, sous le titre de : *La Passion de Notre-Seigneur Jésus-Christ racontée aux jeunes gens et aux hommes du monde*, a laissé glisser de sa plume deux grosses erreurs en cinq lignes : « Des « quatre clous, dit-il (p. 265), l'un est conservé à Rome dans la basilique « de Sainte-Croix... la pointe manque, parce que l'impératrice sainte Hélène « la fit enchâsser dans le casque de Constantin, son fils, comme un pré- « servatif assuré contre les traits des ennemis : l'église de Carpentras croit « posséder cette pointe. »

(1) En citant cette description, qui serait absolument fidèle, si elle mentionnait une variante dans la longueur des fourreaux en argent doré, je me

Ajoutons que le mors de Carpentras, d'après des expériences faites, contient la même quantité de fer que le saint Clou de Trèves, sauf une légère déperdition facilement explicable par le travail de la forge. Ce rapprochement n'est pas inutile, personne ne pouvant douter de l'authenticité de la relique que la ville de Trèves reçut de sainte Hélène elle-même, et dans laquelle la tradition voit le clou du pied droit du Sauveur.

## 2° LES APPROBATIONS ÉPISCOPALES

Dès l'année 1226, le saint Mors apparaît avec la légende *Sigillum episcopi Carpent.* au bas d'une charte qu'on peut voir à la bibliothèque d'Inguimbert [1]; il est donc devenu le sceau des évêques de Carpentras, qui n'ont pu, sans de graves motifs, le substituer à l'effigie de la Sainte Vierge, dont ils se servaient jusqu'alors. Pendant deux cents ans ils n'eurent pas d'autres armoiries, et si, plus tard, obéissant à un usage devenu général, chacun d'eux adopte un blason particulier, ils conserveront sur l'étendard de leur église les clous de la Passion, tandis que le saint Mors sera maintenu comme sceau du chapitre, des syndics de la commune, des administrateurs de l'hospice, et qu'il figurera comme blason civil sur tous les monuments publics. Aujourd'hui encore la ville de Carpentras porte « de gueules au mors d'argent », avec la légende : *Unitas fortitudo, dissensio fragilitas* [2].

---

permets de regretter que M. Rohault de Fleury n'ait pas exigé la même exactitude rigoureuse du dessinateur qui a reproduit sur les planches de son excellent ouvrage, le saint Mors de Carpentras. M. l'abbé Ricard n'a pas été d'ailleurs mieux servi. On a négligé la courbure bien accentuée de la partie inférieure des deux branches, aussi bien que le retrécissement qu'elles subissent à leur extrémité ; de même les deux anneaux extérieurs et les boucles qui les supportent n'ont pas été copiés soigneusement.

(1) T. III du Cartulaire, f° 398.

(2) « Dans l'union est la force, dans la division la faiblesse. »

La croyance à l'authenticité du saint Mors et la dévotion qu'inspirait cette relique étaient telles à Carpentras, dès le XIII^e^ siècle, qu'on voit des officiers publics en joindre l'effigie à leur signature. En 1263, l'évêque Raymond de Barjolis renouvelle, avec l'approbation de son chapitre, le statut de son prédécesseur prescrivant que nul ne puisse être reçu chanoine de sa cathédrale avant l'âge de vingt ans. Dans l'instrument original de cette ordonnance, le sceau épiscopal porte le saint Mors ; le notaire qui a reçu l'acte, Jacques Autrini, accompagne sa signature de la même image que celle du sceau en plomb. (Voir à la bibliothèque d'Inguimbert, ms. de Fornéry, p. 227.)

En 1322, Othon, évêque de Carpentras, fait l'inventaire solennel des reliques de sa cathédrale. Le parchemin original de cet inventaire, acquis, en 1873, par la bibliothèque d'Inguimbert, de notre ville, signale en premier lieu « celui des très saints « Clous dont Notre-Seigneur fut percé au jour de sa Passion, « qui a été transformé en frein de cheval », *imprimis unum ex sanctissimis clavis seu acculeis cum quibus Dominus noster Jesus-Christus in die SS. Passionis suæ pro salute humani generis in ligno crucis extitit crucifixus et perforatus, sub specie frœni equini reductum.*

Geoffroi de Vairols, qui fut évêque de Carpentras de 1347 à 1359, fait don au saint Mors d'un magnifique reliquaire en vermeil. La relique y était supportée par deux anges au-dessus d'un évêque agenouillé. On voyait sur le piédestal les armes de Geoffroi et celles du pape Clément VI.

En 1527, l'illustre et savant cardinal Sadolet renouvelle l'inventaire, et, en signalant le saint Mors, il adopte la croyance, venue sans doute d'Orient, qui le disait forgé avec le clou de la main droite de Notre-Seigneur : *Sanctus clavus manus dextræ Passionis Domini nostri Jesu Christi.* Il publiait une lettre pastorale dans laquelle il exalte l'insigne relique et s'étend longuement sur les miracles qu'elle opère. N'oublions pas que Sadolet a été justement surnommé « l'un des rois de la pensée au seizième siècle [1]. »

Après lui, Jacques Sacrat, son neveu, refait l'inventaire et se sert des mêmes expressions. Sous son épiscopat et par ses ordres, le saint Clou, proclamé la sauvegarde et le palladium de la cité, reçoit les honneurs d'une procession solennelle, pendant la peste de 1580 [2]. On se plaît à dire encore, dans nos pays, que Jacques Sacrat, mort en odeur de sainteté, s'était distingué par sa

(1) Audin, *Histoire de Léon X*, ch. XIX. — D'après une tradition que rapportent le *Livre du Saint Clou* et Fornéry, Sadolet voulut faire dorer le Mors, mais la dorure ne prit jamais. Ce qui est plus certain et toujours visible, c'est que ce fer sacré, bién qu'ayant séjourné longtemps dans une sacristie humide, n'a jamais été atteint par la rouille.

(2) Ms. de Farel à la bibliothèque d'Inguimbert, à Carpentras.

dévotion au saint Mors. Lorsque le cardinal Bichi fit ouvrir son tombeau, cinquante ans après sa mort, « l'on vit avec admira-« tion, dit Cottier, que le corps de cé saint évêque était blanc « comme neige, couvert de sa peau et parfaitement conservé [1]. « Ledit corps, ajoute le chroniqueur contemporain, fut treuvé « estre tout entier avec un enfoncement au milieu de sa main « gauche, comme de la fischure d'un clou qu'on croit pieusement « luy avoir esté imprimé miraculeusement du cœur pour la « grande dévotion qu'il avait à ce sainct relique et pour ses « pensées continuelles aux misères de la Passion du Fils de « Dieu [2]. »

Sans prétendre donner à ce fait une importance qu'il ne nous appartient pas de déterminer, nous avons voulu le citer néanmoins comme témoignage du souvenir qu'avait laissé la dévotion spéciale d'un saint évêque.

En 1624, Cosme Bardi prescrit, par un mandement, le cérémonial à suivre dans l'exposition de la relique; il félicite hautement sa cathédrale de la possession d'un tel trésor. Il institue une commission chargée de rechercher les miracles opérés soit par la vertu du saint Clou, soit par l'intercession de saint Siffrein, de colliger et de transcrire sur un registre spécial les dépositions et les témoignages. L'ordonnance d'institution serait à citer tout entière; on y verrait avec quelle solennité procède l'évêque, quelle rigoureuse exactitude il observe dans les mots et quelle importance il attache à ce « précieux instrument de la Passion « de Notre-Seigneur : le très saint Clou qu'une disposition ad-« mirable de sa Providence a transféré et déposé dans la Basili-« que de Carpentras [3]. » Cinq ans après, le même prélat, étant tout à la fois évêque de Carpentras, gouverneur et vice-légat

---

(1) *Notice historique sur les recteurs du ci-devant Comté Venaissin.*

(2) *Eloges et Remarques du diocèse de Carpentras*, par Barbier, chanoine de Saint-Siffrein (1649), p. 35.

(3) Voir, à la fin de cette notice, *Pièces justificatives*, A.

d'Avignon, ordonne, à l'occasion de la peste, une nouvelle procession du saint Clou [1].

En 1649, les PP. Capucins de la province, réunis au couvent de Carpentras pour la définition et l'élection d'un provincial, assistent à une messe d'actions de grâces célébrée, à la cathédrale, par le cardinal Bichi. A la fin de la cérémonie, qui dura plus de trois heures, tant les communions furent nombreuses, le prélat leur accorde, comme faveur signalée, l'ostension du saint Clou, qu'il leur fait baiser lui-même [2].

Dans un synode diocésain, tenu en 1697, Laurent Buti renouvelle l'ordre du cérémonial déjà prescrit par son prédécesseur, Cosme Bardi.

En 1720, la peste ravageant de nouveau nos contrées, François-Marie Abbati ordonne des prières publiques. « La seconde « neuvaine, dit-il dans son mandement, se fera en mémoire de « la Passion de Notre-Seigneur. Elle commencera par une pro- « cession générale du saint Clou. Cette précieuse relique sera « exposée chaque jour, et c'est avec elle qu'on bénira le peuple, « après avoir chanté, au lieu du *Pange lingua,* l'hymne du saint « Clou et l'oraison qui est faite en son honneur. » Les mémoires du temps racontent les magnifiques détails de cette solennité, à laquelle assistèrent les évêques de Cavaillon et de Vaison. La ville de Carpentras ayant été préservée du fléau qui désolait tous les environs, même les villages les plus rapprochés, l'évêque ordonna une nouvelle procession d'actions de grâces, qui eut lieu le 1er juin 1723, et durant laquelle il voulut porter lui-même l'insigne relique, comme il l'avait fait deux ans auparavant.

Les trois derniers évêques de Carpentras ne donnèrent pas des

---

(1) On peut lire dans un manuscrit de Fermin, aux archives de l'hôtel de ville de Carpentras, le touchant récit de cette solennité. Le manuscrit a pour titre : *Sommaire historique de la contagion arrivée en la cité de Carpentras es années* 1628 *et* 1629.

(2) *Titres précieux concernant le saint Clou.* Manuscrit de la collection Tissot, à la bibliothèque d'Inguimbert.

preuves moins éclatantes de leur foi profonde et de leur entière confiance en la relique. Dans le synode diocésain de 1756, Malachie d'Inguimbert exalte son authenticité et recommande sa vénération ; il détermine deux jours de l'année pour son exposition solennelle, le vendredi saint et la fête de saint Siffrein ; il prescrit le cérémonial, défendant que la relique soit portée au lieu de l'exposition par un autre que par un prêtre, se réservant à lui-même et, à défaut, à un chanoine de la cathédrale, l'honneur d'en donner la bénédiction, et interdisant, « sous peine d'excommunication », de la sortir du Trésor, à moins d'un cas extraordinaire et avec son autorisation [1].

Joseph Vignoli fit composer, par le savant abbé de Saint-Véran, son *Mémoire sur le saint Clou de Carpentras*. Il quitta le siège de cette ville pour celui de Forli au moment où il se proposait d'obtenir de Rome l'approbation d'un office spécial du saint Mors et de la fête provisoirement autorisée par Abatti, en 1723, sur la demande du conseil de ville. Bien avant l'institution de cette solennité, le clergé de Carpentras faisait déjà mémoire du saint Mors aux suffrages du bréviaire, rappelant l'origine de la relique et sa présence dans la cathédrale de Saint-Siffrein : *Clavus tuus... quem celebri tuo nutu transformatum in frænum... in præsenti basilica reponendum providisti* [2].

Joseph de Beni ne voulut pas commencer sa première visite pastorale sans l'avoir mise sous la protection du saint Clou qu'il « adora », dit un manuscrit de la collection Tissot. En 1789, ayant doté sa cathédrale de six nouvelles cloches, il dédia l'une des plus belles par l'inscription : *S. S. D. N. J. C. Clavo. Christi*

---

(1) *Ex omnibus reliquiis quæ hanc ecclesiam cohonestant nullam pretiosiorem haberi censemus, majorique veneratione dignam et asservandam diligentius, quam sanctissimum clavum unum ex præcipuis Passionis Dominicæ nostri Redemptoris instrumentum, quo nostra cathedralis ecclesia condecoratur,* etc. *(Decreta synodi diœcesanæ Carpentoractensis, ann. 1756, sess. I, cap. XIII.)*

(2) Voir le suffrage entier aux *Pièces justificatives*, B.

*clavi sub tutela, non timebit ista nola varia pericula* [1]. Quand les malheurs qui bouleversaient déjà la France menacèrent le Comtat, le pieux évêque prescrivit, pour le jour de l'Ascension 1791, une procession en l'honneur du saint Mors, qu'il porta lui-même sous le dais, précédé d'une foule immense, de tous les ordres religieux, du clergé et du Chapitre. Les officiers municipaux suivaient, portant des cierges ; le canon tonnait ; toute la troupe était sur pied ; des piquets de cavalerie stationnaient sur toutes les places. Le dais s'arrêta devant les monastères cloîtrés, et chaque religieuse eut la consolation de baiser la relique et d'invoquer de près sa protection pour les jours mauvais qui allaient suivre. Une bénédiction solennelle fut donnée aux quatre portes des remparts, devant l'hôtel de ville et aux reposoirs élevés sur plusieurs points. Quand la procession rentra dans la cathédrale, on entonna l'hymne du saint Mors, *Adsunt dies triumphales,* depuis longtemps approuvée par les évêques [2]. Une nouvelle bénédicdiction solennelle et le baisement général de la reliquè terminèrent cette touchante solennité [3].

Ce fut probablement, hélas ! le dernier hommage public que les évêques de Carpentras purent rendre au saint Mors. Il termina du moins glorieusement cette série de témoignages éclatants et irrécusables que lui donnèrent, pendant près de six siècles, les prélats auxquels l'Eglise confie le soin et reconnaît le droit de consacrer, par leur approbation, l'authenticité des reliques, comme elle leur impose le devoir de protester contre un culte immérité et d'interdire les dévotions imaginaires ou apocryphes [4].

---

(1) Au T. S. Clou de N. S. J.-C. Sous la protection du Clou du Christ cette cloche ne redoutera aucun danger.

(2) Voir cette hymne avec sa traduction aux *Pièces justificatives*, C.

(3) Il existe deux procès-verbaux de cette fête dressés par les chanoines de Saint-Siffrein.

(4) Concil. Trident. sess. XXV. — Concil. Carthag. V. cap. XV. — Bulle d'Urbain VIII : *Sanctissimus D. N. sollicite animadvertens abusus.* — Benedict. XIV, *De beatificat. et canoniz. sanctorum*, lib. IV.

Nous aurions donc, dans ces affirmations épiscopales, autant de preuves qu'il nous en faut pour établir que le saint Mors de Carpentras est bien le même qui fut fait avec l'un des clous de la Passion. Là cependant ne se bornent pas nos motifs de crédibilité.

### 3° Les Témoignages des Souverains Pontifes

Nous n'insistons pas sur l'approbation tacite des Papes. Plusieurs d'entre eux visitèrent la capitale du Comtat, surtout pendant leur séjour à Avignon ; Clément V s'était fixé à Carpentras ; il y demeura une année entière avec toute sa cour, se plaisant à s'occuper des intérêts de la ville et à l'embellir. Ni lui, ni ses successeurs ne purent ignorer l'existence du saint Mors : loin de désapprouver le culte qu'on lui rendait, ils s'y associèrent. Clément VI permit de placer ses armes sur le reliquaire offert par Geoffroi de Vairols. Plus tard, Jules II, qui, ayant été, pendant dix ans, évêque de Carpentras, ne devait être étranger à aucune des dévotions du pays, ne fit entendre, une fois pape, aucune protestation.

Il est vrai qu'avant lui le Saint-Siège s'était prononcé solennellement en faveur de notre relique. Nicolas V, par un bref daté de 1451, avait accordé des indulgences à l'église cathédrale de Carpentras, la félicitant de posséder le « frein sacré [1]. »

(1) Même avant Nicolas V, la cause du saint Mors avait été plaidée à Rome non sans succès. Nous avons déjà cité, à propos du second incendie qui a pu dévorer les documents relatifs au saint Clou, une pièce des archives de l'hôtel de ville (Cote B. B., nº 65). A cette pièce est joint le récit fort intéressant d'une séance du conseil de ville, décembre 1446, durant laquelle un chanoine, Barthélemy de Champeaux (de Champellis), rapporte que le pape Eugène IV vient d'accorder des indulgences à ceux qui contribueront à la construction de l'église de Saint-Siffrein. Le bref pontifical est transcrit en entier. Bien qu'il ne mentionne pas la relique, probablement parce qu'il n'est que la reproduction d'un bref déjà accordé aux chanoines de S. Ruf de Valence, il répond du moins, en l'approuvant, à une supplique dont le texte est également conservé et dans laquelle le saint Clou est représenté comme l'un des motifs principaux qui peuvent attirer sur la cathédrale l'attention et les bienfaits du souverain Pontife, « soit à cause de son origine, soit à cause des miracles nombreux et éclatants que Dieu ne cesse d'accorder en son honneur.

Au siècle suivant, Clément VII est plus explicite. Dans un bref du 11 mai 1526 [1], il reconnaît l'authenticité du « clou que « possède l'église de Saint-Siffrein de Carpentras, et qui, ayant « servi au crucifiement de Notre-Sauveur le Seigneur Jésus, a été « changé en frein de cheval. » « *Cum itaque, sicut accepimus, in « ecclesia Sancti Siffredi Carpentoractensi, inter alia sit unus clavus, « quo Salvator noster Dominus Jesus crucifixus fuit in frænum « redactus.* » Il rappelle les miracles opérés à l'ostension de la relique, notamment la délivrance des possédés, « *et in illius « ostensione a dæmonio vexati liberentur et diversa alia miracula in « civitate Carpentoractensi in dies ab omnipotenti Deo operentur.* » Pour lui donner plus d'importance en l'entourant de plus de respect, il restreint au jour de la fête de saint Siffrein la permission d'exposer solennellement le frein sacré, autorisant toutefois de le montrer, les autres jours, aux pieux fidèles qui se rendront, dans ce but, à l'église cathédrale, mais prescrivant que ce soit toujours avec des flambeaux allumés et au son des cloches ; enfin il accorde, pendant trois ans, une indulgence plénière à tous ceux qui assisteront à l'exposition du saint Clou, ou qui visiteront l'église de Saint-Siffrein le jour de sa fête. Cet hommage et ces faveurs sont confirmés par un autre bref du même Pape, daté de Bologne, le 8 novembre 1529.

Deux siècles s'écoulèrent : ils ne firent pas oublier, à Rome, l'insigne relique de Carpentras ; l'indulgence fut renouvelée par Pie VII, en date du 10 septembre 1818.

Pour les esprits croyants et catholiques, ces approbations des évêques et des souverains pontifes sont incontestablement con-

(1) L'original de ce bref que nous reproduisons aux *Pièces justificatives*, D, est conservé aux archives de l'hôtel de ville de Carpentras (G. G., nº 54, travée 10, rayon 57). L'église de Saint-Siffrein possède une feuille de ce temps, probablement une affiche, en très-belle impression gothique, avec lettres ornées et vignettes fort curieuses, qui résume le bref de Clément VII, et qui porte ses armes, accostées de deux autres blasons, celui du saint Mors et celui de Sadolet. — Voir *Pièces justificatives*, E. — L'original du bref de Nicolas V a été signalé, jusqu'à la Révolution, comme existant aux archives du Chapitre, aujourd'hui en partie dispersées.

cluantes; elles ne permettent plus de mettre en doute l'authenticité du saint Mors de Carpentras. Au point de vue purement scientifique, elles ont une valeur que ne peuvent leur dénier les critiques les plus exigeants, à moins qu'ils descendent jusqu'à soupçonner de fourberie, d'ineptie ou de légèreté tous ces princes de l'Eglise dont plusieurs furent en même temps des princes de la science. De pareils témoignages, ininterrompus durant six cents ans, doivent, il me semble, compenser la regrettable lacune historique qu'on a sans doute le droit de nous objecter, mais qui probablement n'existait pas antérieurement aux incendies qui dévorèrent nos archives. Ne pas tenir compte de pareilles autorités serait se montrer incrédule de parti-pris [1].

### 4° Le Culte traditionnel

Comme dernière preuve, fournie par la voix du peuple, il nous reste à rappeler comment le culte du saint Clou s'est perpétué dans nos pays avec tout l'enthousiasme d'une foi ardente que ravivaient sans cesse de nouveaux prodiges. Les guérisons extraordinaires, se produisant avec les apparences du miracle, devinrent si nombreuses, qu'en 1624, comme nous l'avons vu, l'évêque Cosme Bardi juge nécessaire l'institution d'une commission chargée de recueillir les faits et de recevoir les dépositions des témoins.

Délivrée de la peste en 1629, la ville de Carpentras témoigne

---

(1) Ce n'est pas sans un douloureux étonnement que j'ai lu, dans la *Revue des Sociétés savantes* (N° de Juillet-Août 1873), un rapport de M. Darcel, qui, parlant accidentellement du saint Clou de Carpentras, croit devoir en suspecter scientifiquement l'authenticité. M. Darcel pourrait-il prouver scientifiquement les trois points suivants dont il parait ne pas douter? La transformation de l'un des clous de la Croix en un mors de cheval n'est-elle rapportée que par la *légende?* Les églises de Milan et de Carpentras s'en disputent-elles la possession? Est-il vrai que le saint Mors ne soit entré dans le trésor de l'église Saint-Siffrein qu'en 1338, comme *spolium* de l'évêque Othon? V. *Pièces justificatives*, F.

J'estime les savants et je les aime. Je les aime surtout quand il se font un scrupule de discréditer une question avant de l'avoir étudiée.

solennellement sa reconnaissance au saint Clou. « L'un des vœux « de ladite ville, dit le chroniqueur du temps, feust le donatif « du grand et beau rétable appliqué à la chapelle de St-Claude « ou de l'Ange gardien, représentant la glorieuse Vierge au « thrésor céleste avec Saint Siffrain et entre deux le Saint Frain « pour apaiser l'ire de Dieu et au dessoubs la ville de Carpen- « tras figurée et tout proche d'icelle ledit Seig$^{r}$ recteur avec les « trois consuls de l'an 1629 à genoux ayant leurs chaperons, et « dernier eux leurs devanciers de l'année précédente 1628, qui « feurent en exercisse durant les premiers effaicts de la contagion « susd$^{te}$. »

« Ce rétable magnifique feust accompagné à ce premier vœu « d'une grande lampe d'argent offerte en l'honneur de ce pré- « tieux relique du saint Clou, et pour faire un entier *capienstria* « du donatif à l'église de Saint-Siffrain, donnèrent un tableau « représentant sainte Héleine et Constantin en leurs habits im- « périaux tenants entre leurs mains le saint Clou avec une « grande humilité et uénération, arrivant la ualeur de tels dona- « tifs à cinq-cents escus et dauantage [1]. »

Ce fut à l'occasion de ce même vœu que le recteur du Comtat, Caracci, nommé, l'année suivante, par Urbain VIII, à l'évêché de Turin, composa une ode italienne en l'honneur du saint Mors. Il y exalte la vertu de la relique; il résume les prodiges opérés par elle : l'ouïe rendue aux sourds, la vue aux aveugles, le mouvement aux paralytiques, le port aux nautonniers; il demande au Dieu Rédempteur que la ville de Carpentras soit protégée par le saint Mors, comme fut protégée la ville de Milan, lorsque saint Charles, portant un autre clou de la Passion « vit dans le « ciel l'Ange remettre au fourreau le glaive de la vengeance; il « espère en ce clou sacré qui, s'élevant à nos yeux, semblable au « serpent d'airain dont la seule vue, dans la désolation du désert,

(1) Ms de Barbier, à la bibliothèque d'Inguimbert.

« guérissait les Hébreux succombant sous de venimeuses mor-
« sures, détruira parmi nous le venin de la contagion [1]. »

Quelques années après, cette dévotion s'accrut encore sous l'impulsion du vénérable Paul d'Andrée, chanoine de Saint-Siffrein. Cet homme de Dieu, dont l'éminente sainteté exerça, dans nos pays, une prodigieuse influence, durant toute une moitié du dix-septième siècle, avait reçu le don spécial de combattre les obsessions diaboliques et de délivrer les possédés. Ce privilège lui est reconnu par ceux-là même de nos historiens qui, dédaignant la doctrine de l'Eglise et les faits patents de l'Evangile et de l'histoire, se posent sottement en esprits forts, et ne veulent voir, dans les phénomènes surnaturels les mieux établis, que le résultat de certaines *affections vitales* ou de je ne sais quelles névroses guérissables par les opérations d'un *pieux magnétisme* [2]. Or, les témoignages du temps nous apprennent que le chanoine d'Andrée, aussi perspicace pour dissiper les illusions ou déjouer les calculs des possédés imaginaires, qu'il était puissant pour combattre les obsessions et les possessions véritables, se servait habituellement du saint Mors dans ses luttes avec le mauvais esprit [3].

---

(1)
Carlo all'hor gl'occhi innalsa e l'angel mira
Che la vindica spada hormai ritira
. . . . . . . . . . . . . . . . . . . . .
. . . . . . . . . . . . . . . . . . . . .
Se nel deserto al Israel languente
Serpe di bronzo alzato
Risanava mirato
Gl'afflitti Ebrei da velenoso dente,
Tuo sacro Chiodo esposto ai nostri lumi
Pestilenti veleni in noi consumi.

Cette ode a été conservée par Barbier. On en retrouve le texte et la traduction dans la *Notice* de M. l'abbé Ricard.

(2) Barjavel, *Dictionnaire historique du département de Vaucluse*, art. *d'Andrée*.

(3) V. *La vie du vénérable serviteur de Dieu messire Paul d'Andrée*, par l'abbé de Monty, liv. 1, chap. XVIII et XIX. — Le *Livre des conclusions du Chapitre de Saint-Siffrein* nous fournit une autre preuve de l'empressement qu'on mettait, à cette époque, à venir implorer le saint Mors pour la délivrance des obsessions diaboliques. Sous la date du 11 octobre 1672, il est question d'une chambre qui était réservée, dans les cloitres, *pour enfermer les possédés*.

On trouve, sur les exorcismes du chanoine d'Andrée, d'autres récits intéres-

Pendant trois ans, à côté du chanoine d'Andrée, partageant son amour pour la précieuse relique, comme il s'associait à la plupart de ses œuvres, nous trouvons son admirable évêque, le pieux Louis de Fortia de Montréal, dont la tendre dévotion à la Passion du Sauveur ne fut égalée que par son inépuisable charité [1]. Après eux, M. d'Orléans de la Motte, chanoine de Saint-Siffrein, devenu l'illustre évêque d'Amiens, et plusieurs personnages éminents de Carpentras, montrèrent la même confiance et le même zèle. La population les suivait dans leur ferveur, se plaisant à proclamer en toute occasion les grâces obtenues par la protection du saint Clou [2].

---

sants dans la *Vie d'Esprite de Jossaud*, publiée, en 1705, par Jean Dupont, docteur-es-droit, trésorier et pénitencier de l'église métropolitaine d'Avignon. Ce volume, que M. l'abbé Curicque (*Voix prophétiques*, T. II, p. 206) appelle, avec raison, *une perle cachée*, a été réédité, en 1862, par le R. P. Ambroise Potton, sous le titre : *Vie de la bienheureuse Esprite de Jésus, du tiers ordre de saint Dominique ;* il fait partie de la *Bibliothèque dominicaine*. — Esprite de Jossaud, à laquelle nous nous reprocherions de ne pas donner ici un souvenir, reste l'une des gloires les plus pures de nos contrées. Le chanoine d'Andrée, son confesseur, fit plus d'une fois appel à son intervention pour obtenir les grâces qu'il sollicitait du saint Clou. Morte à 30 ans, en 1658, après avoir, sous l'action des dons surnaturels dont Dieu la favorisa, répandu constamment les parfums de la plus haute piété, elle fut ensevelie au milieu de cette cathédrale de Saint-Siffrein où elle avait passé en prière une grande partie de sa vie. Sa tombe, profanée en 93, avait été, jusqu'alors, vénérée par les fidèles qu'on y voyait journellement agenouillés. Un demi-siècle après la mort de cette sainte fille, M. de La Motte, théologal du Chapitre de Carpentras, et, depuis, évêque d'Amiens, se faisant l'interprète du sentiment populaire, avait ajouté à son acte de décès l'éloge suivant que portent encore, avec la signature du théologal, les registres de la paroisse : *Omnibus ornata virtutibus, miraculis etiam clara, et sanctitatis famâ inter Carpentoractenses illustris, ità ut à populo nonnisi Beata nominetur.* « Elle fut ornée de toutes les vertus, « célèbre par des miracles, illustre parmi les Carpentrassiens par la renom- « mée de sa sainteté, de telle sorte que le peuple ne l'appelle pas autrement « que la Bienheureuse. »

(1) L'acte mortuaire de l'évêque Louis de Fortia, dont nous devons la découverte aux pieuses et intelligentes recherches de M. le marquis de Seguins-Vassieux, raconte avec émotion que ce prélat tomba de douleur, dans sa cathédrale, le Vendredi-Saint, au chant de la Passion, et qu'il mourut trois jours après, à l'âge de 43 ans. Son corps, enseveli à droite de la porte principale de Saint-Siffrein, fut retrouvé, dit-on, plus d'un siècle après sa mort, dans un état de complète conservation. Avant d'être appelé, sur la désignation du cardinal Bichi, au siège épiscopal de Carpentras, il avait illustré, pendant onze ans, celui de Cavaillon.

(2) Dans son *Mémoire*, l'abbé de Saint-Véran déplore amèrement la perte d'un manuscrit dans lequel avaient été consignés les miracles opérés, pendant les siècles précédents, par la vertu du saint Clou. Il en cite cependant quelques-uns ; on trouvera le récit de plusieurs autres dans la notice de M. l'abbé Ricard.

A la suite de la préservation miraculeuse de la peste, en 1723, « les consuls et le conseil ordonnèrent qu'on chômerait désor« mais la fête de l'Exaltation de la Croix, et que la communauté « ferait dire à perpétuité une messe à laquelle MM. les consuls « assisteraient en corps et après laquelle chacun d'eux offrirait « une torche de deux livres avec un écusson sur lequel on voit « ces mots : Vœu de la ville, fait en 1723, pour avoir été pré« servé de la peste [1]. »

En outre, par « conclusion du conseil de ville, » en date du 28 novembre 1723, une tribune commémorative en fer doré fut construite dans l'église de Saint-Siffrein, au-dessus de la porte latérale, avec l'inscription : *Sacro Redemptoris Clavo a conterminia peste illæsa civitas posuit,* MDCCXXIV. La tribune subsiste encore; elle n'a pas cessé de servir à l'exposition et à la bénédiction du saint Mors; elle fait, comme travail de serrurerie, l'admiration des connaisseurs; le jour viendra, nous l'espérons, où les successeurs des consuls, si fidèles à accomplir le vœu fait à Notre-Dame-de-Santé, se souviendront de celui fait au saint Clou.

Il ne faudrait pas croire toutefois que la dévotion au saint Mors ait été restreinte dans les murs de Carpentras, encore moins dans la confrérie qui en portait le titre. On venait de loin vénérer la relique; parmi les miracles opérés par son attouchement, et dont les détails nous sont restés, il est à remarquer que la plupart furent accordés à des étrangers. Dans un temps où les voyages n'étaient pas faciles comme aujourd'hui, — ce qui n'empêchait pas que les pèlerinages fussent déjà dans nos mœurs, — on accourait au saint Mors de Carpentras, et les caravanes se formaient avec ces mêmes caractères de foi, de reconnaissance et de générosité qui éclatent à notre époque. En 1602, des marins de Marseille, échappés à un naufrage après s'être voués au saint Clou, lui apportèrent un magnifique cierge

---

(1) *Mémoire de l'abbé de Saint-Véran.*

parsemé de clous d'or. En 1623, les pénitents gris de Beaucaire, « suivant la coustume qu'ils ont d'aller toutes les années en pè« lerinage à quelque sainct lieu, vinrent en l'église de Saint« Siffrein, cathédrale de Carpentras, pour visiter le saint Clou [1]; » ils lui firent hommage d'une belle lampe d'argent et d'un tableau. Une autre lampe brûlait nuit et jour, entretenue par la ville d'Arles, d'où les pélerins arrivaient nombreux chaque année. Nous tenons de personnes très dignes de foi, que ce double tribut d'hommage et, sans doute aussi, de reconnaissance de l'antique cité de S. Césaire, interrompu par la Révolution, avait été repris dans les premières années de notre siècle.

L'usage s'était introduit de porter sur soi de petits freins d'argent ou d'or qu'on avait fait toucher à la relique; on en demandait des provinces les plus éloignées, et il fut un moment, après la dernière peste, où les orfèvres de Carpentras ne pouvaient suffire à en fabriquer [2].

Telle fut, jusqu'à la grande révolution, la dévotion des fidèles à l'insigne relique. En 1793, l'abbé Bertot, abandonnant à la cupidité des prétendus patriotes les châsses et les reliquaires, parvint à sauver le saint Mors en même temps que les ossements de saint Siffrein. Il le cache à la campagne; les officiers municipaux le forcent bientôt à le rendre, et, après un procès-verbal constatant son identité, on consent à le déposer à la bibliothèque de la ville « comme un monument fort antique et pouvant servir à l'intelligence de l'histoire. » Deux ans après, le vénérable abbé Justiniani, curé de Saint-Siffrein, obtient qu'on le rende à son église; il en donne décharge [3]. Le 27 avril 1805, une commission d'enquête, nommée par l'évêque d'Avignon, et composée des notables de la ville, des anciens chanoines et prêtres, qu'assistaient toutes les autorités civiles et judiciaires, reconnait que

(1) *Livre du Saint-Clou.* — Ms de la bibliothèque de M. l'abbé André.

(2) L'abbé de Saint-Véran. Ms de Maillet, *Matières ecclésiastiques*, t. II. — On trouve encore à Carpentras quelques-uns de ces anciens bijoux.

(3) *Livres des délibérations de la bibliothèque de Carpentras*, p. 118.

cette « relique est réellement et intégralement la même que celle « qui, de tout temps, a été exposée à la vénération publique [1]. »

De nos jours, la confiance n'a pas diminué. Combien d'étrangers, s'inspirant des grands exemples, viennent encore s'agenouiller devant la sainte relique, et quelquefois parmi eux des princes de la science, du trône ou de l'Eglise . M. de Chateaubriand, en 1812 ; le cardinal Opizzoni, en 1814 ; le duc d'Angoulême, en 1815 ; tous les archevêques d'Avignon, depuis la suppression du siège de Carpentras [2] ! Combien de malades lui doivent leur guérison ! Le privilège spécial du saint Mors fut, de tout temps, la délivrance des obsessions diaboliques ; l'histoire l'atteste depuis Justin le Jeune. Aujourd'hui encore, on amène, pour les soumettre à l'imposition du fer sacré, les personnes atteintes dans leurs facultés intellectuelles, et c'est bien souvent que se fait ressentir l'opération de la grâce récompensant la foi. Mais quel beau spectacle surtout présente cette immense nef de Saint-Siffrein, aux jours où la relique, sortie solennellement du *trésor*, est portée par le clergé sur la tribune votive, et lorsque,

---

(1) *Archives de Saint-Siffrein.* — Voir pièces justificatives G.

(2) Parmi les personnages illustres qui, antérieurement à notre siècle, vénérèrent solennellement le saint Mors, nous pouvons citer, en 1447, le cardinal Pierre de Foix, légat du Pape (*Livres des conclusions de la commune*, BB, 66) ; en 1703, Antoine Banchieri, consulteur du saint Office et vice-légat d'Avignon ; en 1731, François-Maurice de Gonteriis, archevêque d'Avignon et vice-légat ; en 1761, Grégoire Salviati, vice-légat et grand Inquisiteur ; en 1776, Ange Durini, évêque d'Ancyre, vice-légat.

On lit au Registre X[e] des *Propositions et Conclusions du Chapitre de Saint-Siffrein,* page 104, assemblée du 17 Juin 1730 : « Deux livres seize sols pour les « cierges fournis à l'occasion de madame la princesse de Conti, qui arriva « dans cette ville le 22 du mois passé et vint dans notre église adorer et baiser « la relique du saint Clou avec M. le prince son fils. »

Parmi les visiteurs modernes, nous avons tenu à signaler le cardinal Opizzoni, en réponse à une assertion injurieuse et toute gratuite de M. Barjavel *(Diction. hist. du Départ. de Vaucluse,* art. *Saint Clou),* qui prétend que l'illustre exilé, *pendant son séjour à Carpentras,* en 1814, *manifestant à quelques ecclésiastiques éclairés ce qu'il pensait du saint Clou, l'a classé parmi les monuments apocryphes.* Ce commérage devait flatter la petite aigreur voltairienne du Dr Barjarvel ; sa joie eût été moindre s'il eût pris connaissance, aux archives de la paroisse, d'un procès-verbal dressé par les *ecclésiastiques éclairés* qui habitaient alors Carpentras, et dans lequel, rendant compte d'une fête célébrée à Saint-Siffrein, en 1814, sous la présidence du cardinal Opizzoni, on fait remarquer avec quel respect *Son Eminence, s'étant prosternée, baisa la précieuse relique.*

à la fin de l'office, la basilique étincelante de mille cierges, l'orgue jouant le vieil air traditionnel, le prêtre, en chape rouge, donnant les sept bénédictions prescrites, la foule s'incline jusqu'à terre pour se précipiter bientôt à la sainte table et y baiser respectueusement le fer adorable dont la vertu divine ne fut jamais implorée en vain !

## II

## LE RELIQUAIRE

Le culte ayant ainsi survécu aux dévastations révolutionnaires, il ne restait plus qu'à rendre au saint Mors un reliquaire digne de lui. M. Armand-Caillat, de Lyon, répondant à l'initiative du clergé et à la générosité des fidèles de Carpentras, vient de donner à cette œuvre d'orfévrerie les proportions d'un évènement artistique. L'originalité même du sujet réclamait déjà pour ce travail une place à part ; l'ampleur de la conception, la richesse du symbolisme, l'abondance des souvenirs historiques, l'heureuse application des textes sacrés en font un poème ; la délicatesse de ciselure, le nombre, la hardiesse et le fini des émaux l'élèvent à la hauteur d'un chef-d'œuvre. De l'aveu même de l'artiste, rien d'aussi complet n'était encore sorti de ses ateliers. Une œuvre pareille demande une description détaillée.

Le reliquaire, ou mieux la monstrance, est du style byzantin ; l'origine de la relique et l'époque de sa translation le commandaient ; sa forme est celle d'un grand ostensoir, les rayons étant remplacés par des rainceaux entrelacés avec art, délicatement historiés, et du milieu desquels quatre chérubins, aux six ailes émaillées, contemplent la relique. Le saint Mors, enfermé, sous double cristal, dans une custode centrale, repose sur un fond damassé, blanc nacré et rouge antique, constellé de clous d'or. Les tons des émaux attirent l'œil et déterminent le foyer lumineux. D'autres clous, de formes diverses, reproduits en saillies plus ou moins accusées, sur divers points de l'œuvre, caractérisent tout d'abord la composition.

Autour de la custode, et séparée du cristal par une fine dentelure, se déploie, en lettres d'or sur émail noir, la légende : *In die illa erit quod suprà frænum equi est sanctum Domino* [1]; paroles étranges du Prophète, s'appliquant admirablement au saint Mors, et qui furent adoptées par les évêques de Carpentras, pour le suffrage qu'en faisait le clergé de leur diocèse.

Au sommet, le labarum de Constantin est planté comme un étendard triomphal, non le labarum de fantaisie des peintres de la renaissance, mais celui-là même que décrit Eusèbe, avec la croix surmontée de la couronne et portant le monogramme du Christ sur un drapeau de pourpre rehaussé d'or et de pierreries.

Les lobes inférieurs des rinceaux qui accostent la custode portent suspendus deux médaillons émaillés sur chacune de leurs faces, où se détachent, d'un côté les effigies en pied et nimbées de Constantin et de sainte Hélène, avec l'exergue grec, de l'autre, la première lettre latine de leur nom. Ces médailles sont la reproduction exacte des figures que portait le reliquaire envoyé à saint Louis par Baudouin II, empereur français de Constantinople. La révolution arracha ce bijou au trésor de Notre-Dame de Paris; heureusement le chanoine Morand en avait, en 1790, fait graver le dessin, qu'a donné de nouveau M. Rohault de Fleury. Cet emprunt, en réalisant la pieuse pensée d'associer les deux reliquaires, n'ôte rien à l'originalité absolue de l'invention.

Derrière la custode, sur une porte cadenassée, sont gravés d'un côté le blason de la ville de Carpentras, de l'autre une inscription perpétuant le souvenir des donateurs et de l'artiste.

Bien que cette custode, avec les ornements qui l'encadrent, se présente d'abord comme la partie capitale de la monstrance, le

(1) En ce jour-là, le mors du cheval (littéralement, l'ornement du mors), sera consacré au Seigneur (Zachar., XIV, 20). — Dans le suffrage du bréviaire, on avait substitué *suprà* à *super* que porte le texte biblique. Le sens est le même.

nœud, la tige et le pied qui la supportent ne lui cèdent en rien sous le double rapport de la splendeur des idées et de la magnificence du travail. C'est ici surtout que se développe le poème du saint Mors.

Du nœud sortent quatre grands émaux champlevés, amenés par une tige en avant de l'œuvre, et affectant, dans un but d'harmonie, la forme de la custode; ils représentent les épisodes principaux de l'histoire de la relique; une légende d'or sur émail noir, se développant en disque à la tige de chaque médaillon, en explique le sujet. Le premier représente le crucifiement de Notre-Seigneur; les bourreaux enfoncent dans la main droite le clou dont fut fait le saint Mors; on lit à la légende la prophétie du Psalmiste : *foderunt manus meas et pedes meos* [1]. Dans le second, celui posé sur la face du reliquaire, se dresse la croix portant le Rédempteur; à ses pieds la mère de Jésus et le disciple bien-aimé; la légende rappelle encore les clous : *occiderunt suspendentes in ligno* [2]. Le troisième met en scène sainte Hélène retrouvant la relique : elle tient dans ses mains les clous du crucifiement; saint Macaire, évêque de Jérusalem, redresse la croix nue du Sauveur vers laquelle la femme, miraculeusement guérie par l'attouchement du bois sacré, élève ses mains et sa reconnaissance; dans le fond apparaissent les deux croix renversées des larrons; la légende est celle du bréviaire : *clavos etiam attulit filio* [3]. Enfin, le quatrième médaillon nous reporte au cinquième concile général : le saint Mors repose sur un coussin; le Pape Vigile, coiffé de la tiare à une seule couronne, s'approche, escorté de Théodore et de Céthégus, il étend les mains et il prête serment. La légende est prise des actes mêmes du concile : *juravit Vigilius per virtutem sancti fræni* [4].

(1) Ils ont percé mes mains et mes pieds. (Psalm. XXI, 17.)

(2) Ils l'ont mis à mort en le suspendant sur le bois. (Act. apost., X, 39.)

(3) Elle apporta également les clous à son fils. *(Brev. rom. in festo Invent. S. Crucis.)*

(4) Vigile jura par la vertu du saint Mors. (Baluze, *loc. cit.)*

La tige allongée de la monstrance est consacrée à rappeler les miracles de la relique. Sous la forme de quatre monstres agitant leur dard, renflant leur corps hideux et hérissant leurs écailles, le Démon et le mal se précipitent et fuient le saint Mors ; à leurs queues frémissantes s'enroule un anneau, avec la légende : *Ità fugient quasi gladium* [1].

Cette belle composition repose sur un pied qu'il faut voir et non décrire. Quatre chevaux aux fières allures, harnachés à la manière bizantine et armés du saint Mors, portent noblement la monstrance et lui donnent ce caractère hippique qui ne convenait qu'à elle. D'un cheval à l'autre se déroulent gracieusement des rainceaux granulés et des feuillages que surmonte, en légende, le texte fondamental de saint Ambroise : *De uno clavo frænos fieri præcepit Helena, de altero diadema intexuit ; utroque usus est Constantinus* [2]. L'importance que ce texte donne à la couronne constantinienne et l'espèce de fraternité qu'il établit entre elle et le saint Mors réclamaient pour elle une place dans le monument construit en l'honneur de l'un des deux clous transformés. C'est pourquoi nous retrouvons ce riche diadème romain couronnant le pied du reliquaire et servant de première base à sa tige.

Entre la couronne et la légende, en un seul émail champlevé, de forme semi-sphérique et de dimensions hardies, peut-être inusitées, — 22 centimètres de diamètre, — voici une grande bataille : cavaliers et fantassins se précipitent, les armes se croisent, les chevaux foulent des cadavres ; à la tête des assaillants, sur son coursier qui bondit, se dresse Constantin, brandissant une lance et la jetant à son ennemi ; celui-ci se noie dans le fleuve dont les eaux bleues ondulent, tranchant sur le fond rouge : cet ennemi, c'est Maxence ; il porte la couronne ; il implore la pitié du vainqueur ; mais, entre lui et Constantin apparaît, dans le

(1) Ils le fuiront comme un glaive. (Lévit., XXVI, 36.)

(2) De l'un des clous Hélène ordonna de faire un frein, elle en enchâssa un autre dans un diadème ; Constantin se servit de l'un et de l'autre. (S. Ambr.. *De Obitu Theod.*)

Ciel, l'ange des vengeances divines; d'une main il tient le glaive nu, de l'autre il signifie l'arrêt de mort; devant Maxence, le vieil étendard de Rome s'abîme dans le Tibre, et le soldat qui le porte disparaît avec lui; derrière Constantin, un draconnaire, le front haut et la main sûre, élève le labarum; c'est la fin du paganisme terrassé par la Croix. Telle a été la première pensée de l'artiste, qui a voulu en outre compléter les souvenirs constantiniens; au sommet de l'œuvre nous avons vu flotter le labarum; à la base, nous assistons à la victoire que le labarum avait promise : « Tu vaincras par ce signe. »

Ce reliquaire est donc tout un poème. On ne saurait l'imaginer mieux conçu, plus complet, plus harmonieux. Rien n'y manque; tout y est à sa place, et chacun de ses détails porte un tel cachet d'originalité, que ce monument élevé au saint Mors ne peut évidemment être séparé de la relique; une autre destination jurerait.

Et, dans ces détails, quelle merveilleuse exécution ! En contemplant cet immense bijou, ou plutôt cette profusion de bijoux sur un même objet mesurant en hauteur plus d'un mètre, je me demande sur quel point je dois insister, sur quel autre je puis me taire. Je voudrais revoir à l'œuvre cette main d'artiste qui a donné la vie aux quatre chevaux s'élançant de la base, qui a plié le bronze et qui a su le creuser de son ciseau si délicat; car tout ici est fait à la main, sans estampage, travail d'un grand intérêt, surtout pour les rinceaux repoussés, ciselés, aux deux faces diverses. Je voudrais parler de ce burin qui a vidé les champlevés des émaux, laissant aux personnages une précision et une noblesse de formes comparables aux gravures les plus célèbres. Rien ne surpasse le dessin de la bataille; en le confiant au talent trop peu connu de M. Gaspard Poncet, M. Armand-Caillat a donné une preuve de plus de la sûreté de son coup d'œil. On a dit que l'artiste s'était inspiré de Raphaël et de Jules Romain. Sans doute, Constantin dans son attitude victorieuse, Maxence renversé, l'ange exterminateur rappellent ces maîtres, et ce n'est pas nous qui le reprocherons. Mais quelle différence dans les types, dans les costumes, et comme on a su *résumer* la foule dans cette forme brève, nette, *lapidaire*, qui convient à l'émail sur champlevé, où il n'y a point de perspective aérienne, où la confusion serait le pire des défauts.

Si le dessin de cette bataille est admirable, tout aussi beau en est l'émail. M. Armand-Calliat excelle dans les émaux, on le sait ; ce qu'il y a introduit de profondeur et de limpidité dans les tons fait ses œuvres au moins égales, sous ce rapport, aux émaux les plus justement loués du moyen-âge. A-t-on, par exemple, rencontré jamais ailleurs ce rouge antique si solennel, si velouté, si caressant ? Il abonde dans notre reliquaire dont il donne le diapason, et il le fallait, puisque c'est la couleur héroïque, le rouge des batailles sanglantes, du martyre, de la Passion, et que nul autre ton n'aurait pu, comme celui-ci, mettre en relief l'idée nécessaire de la splendeur impériale. Aussi le retrouvons-nous aux scènes du crucifiement, aux médailles nimbées de Constantin et de sa mère, à la custode, au labarum ; mais son triomphe est sur la grande plaque de la bataille, où sa beauté s'étale au large, laissant juger les difficultés vaincues pour établir sans défaut cette vaste surface bombée dont le succès sans pareil constitue la réalisation d'un progrès réputé impossible. Les connaisseurs n'ont donc pas exagéré lorsque, dans cet émail seul, ils ont salué un chef-d'œuvre.

J'insiste sur ce point parce qu'il me semble marquer une phase nouvelle dans les œuvres de M. Armand-Calliat. Les émaux si légitimement admirés de ses autres modèles, ceux, par exemple, des ostensoirs de Notre-Dame de la Garde et de Notre-Dame de la Salette, affectent une coloration douce, blonde, tendre, des verts bleuâtres, des blancs nacrés, des bleus lavande ; c'était une note, et on l'a beaucoup applaudie. La croix-reliquaire de Bourbon-l'Archambault montre déjà le désir d'aborder une autre tonalité, en harmonie avec la destination de la pièce ; le reliquaire du saint Mors y entre résolument et triomphe par sa vigueur et par sa fierté. Ce n'est pas que les tons doux n'y aient leur place : elle leur a été ménagée avec goût dans ces fleurettes semées sous les rinceaux, à la naissance de la custode, le long de la tige, à l'admirable couronne constantinienne, et parmi ces fins granulés qui se jouent dans les intervalles des légendes. Car la décoration de ce reliquaire, dans le goût tout à la fois étrusque et oriental, est presque tout entière émail, émail au feu, à l'exclusion des pierreries que remplacent partout les pâtes opaques ou translucides, nouveau tour de force dont l'art n'avait pas encore donné l'exemple.

A cette œuvre si complète et si remarquable il n'a manqué que la publicité d'une grande exposition. Combien n'est-il pas regrettable que des devoirs impérieux et l'obligation de surveiller des travaux exceptionnels aient empêché M. Armand-Calliat de prendre part à celle de Vienne ! Il avait cru un moment y occuper sa place ; il comptait sur le reliquaire du saint Mors pour en faire la pièce d'attraction de sa vitrine, et, sans doute aussi, le motif principal de ce prix d'honneur déjà remporté à Londres, à Porto, à Paris et à Rome. Car l'artiste éminent, fils de ses œuvres, déjà chargé des plus hautes récompenses dont aient pu disposer les jurys internationaux, grandissant dans le succès à mesure qu'il multiplie ses créations, ne peut plus déchoir de ce rang exceptionnel où il s'est placé, à la tête de l'orfèvrerie religieuse. Sans vouloir amoindrir l'incontestable talent ni déprécier les belles créations de ses rivaux, disons mieux, de ses confrères, le monde artiste se tourne vers M. Armand-Calliat avec une prédilection marquée : quoi de plus naturel ? Tandis que tous ceux qui s'intéressent à l'art chrétien aiment sa ciselure précieuse, sa coloration brillante, ce fini qu'il poursuit sans compter, les archéologues, les gardiens même les plus jaloux et, en cela, les plus dignes d'éloge, des pures traditions du moyen-âge, le suivent dans ses efforts à la recherche d'une manière propre, formant œuvre nouvelle. Secondé dans cet élan par un autre lyonnais, l'éminent architecte de Notre-Dame de Fourvière, M. Pierre Bossan, qui fut souvent son collaborateur, il dédaigne le pastiche servile, et tout en produisant, quand le sujet l'exige, des pièces archaïques, il a créé une orfèvrerie empreinte d'une individualité qui sera une date et qu'on applaudit sans appréhension, car elle n'est point un retour aux époques de décadence justement condamnées, mais plutôt un rameau jeune et vigoureux poussé en pleine terre du moyen-âge, où circule la sève des XIIe et XIIIe siècles, et qui donne des fleurs nouvelles.

Aussi peut-on dire que l'Europe entière a fait bon accueil à M. Armand-Calliat. Rome aura de lui la grande chapelle papale commandée pour Pie IX par les Pères du concile; la Suisse catholique, l'ostensoir offert à Mgr Mermillod et sa crosse; la Belgique, vingt calices et une chapelle fort belle que possède un couvent de Liége; la Hollande, plusieurs pièces d'art et la lampe de Rotterdam; l'Autriche, l'incomparable calice de l'archevêque d'Olmultz; l'Angleterre, le reliquaire de la vraie croix, la crosse de Mgr de Beverley, le calice et le ciboire de Mgr Manning, la chapelle exceptionnellement riche du marquis de Bute. La France restera cependant le pays privilégié. Nous avons nommé l'ostensoir de Notre-Dame de la Garde, celui de Notre-Dame de la Salette, le reliquaire de Bourbon-l'Archambault; nommons encore le rosaire de Notre-Dame de Fourvière, l'ostensoir de Saint-Bonaventure et celui de l'Immaculée-Conception, à Lyon; à Paris, le ciboire et le chemin de croix de Saint-Vincent de Paul et l'ostensoir de Saint-Philippe du Roule; à Nîmes, la crosse de Mgr Plantier; à Notre-Dame de Lourdes, — qui aura bientôt de M. Armand-Calliat son grand ostensoir, — des lampes, une entre autres, peut-être unique dans son éclat, offertes par les diocèses de Viviers et de Valence, un rosaire et divers objets de prix; à Saint-Etienne, le reliquaire de la sainte Épine et de la lettre de saint Louis; un autre reliquaire de la sainte Épine pour le diocèse de Moulins; au Puy, les treize lampes légendaires, dons de Mgr Lebreton, de son clergé et des fidèles, où on lit, gravé sur l'émail, en une série de sujets, le beau poème des douleurs et des allégresses de Marie, — hommage de la France, pleine de repentir et d'espoir ! — Nous trouvons encore, dans le diocèse d'Avignon, le calice aux lys et aux roses, et plusieurs autres; à Lalouvesc, la châsse de saint François-Régis; aux Prémontrés de Saint-Michel, l'ostensoir aux évangélistes du R. P. Edmond, à Angers, celui aux pélicans. Citons enfin les couronnes de Notre-Dame de l'Osier, tant admirées par le Saint-Père; celles de Notre-Dame de Pitié, demandées à l'artiste lyonnais par Mgr de Poitiers; la crosse au Bon-Pasteur, la chapelle tout émaillée, la grande châsse aux ivoires que la foule acclamait aux expositions de Paris et de Rome, trop belles, dit-on, pour être achetées, et que l'orfèvre montre aux visiteurs dans son salon qui est un musée...

Voilà bien des merveilles, et nous pourrions en signaler encore plusieurs. Au-dessus de toutes, M. Armand-Calliat lui-même se plaît à placer le reliquaire du saint Mors. Nous avons donc le droit d'en être fiers; il me restait le devoir et le bonheur d'en parler.

# PIÈCES JUSTIFICATIVES

## A. *(Page 15.)*

*Ordonnance de* Mgr Cosme Bardi *relative aux miracles opérés par le saint Clou.*

—

### DEPUTATIO

pro recollatione scripturarum, monumentorum et notatiorum miraculorum Sanctissimi Clavi et S. Siffredi.

Anno a nativ. Dom. 1624 et die 8 mensis Jan. Carpentor. in palatio episcopali et camera nova Illmus et Rmus Dnus Cosmus Bardus ex Comitibus Vernii Dei et Stæ Sedis aplicæ gratia. Episc. Carpent. pie considerans rationi consentaneum non esse ut miracula quæ Deus per sanctuos suos sacrasque reliquias operatur, oblivioni tradantur, informatusque multa miracula ipsum Deum per illud præciosissimum suæ Passionis instrumentum Smum nempe Clavum mirabili sua Providentia in Basilica Carpent. repositum et collocatum ac per Stum suum Siffredum episc. et confess. ejusdem civitatis Patronum, operatum fuisse et in dies operari, ad majorem Dei gloriam et præciosissimi Clavi, ac Sti honorem, populique devotionis augmentum, memorias, monumenta, scripturas dictorum miraculorum diligenter perquiri ac omnia alia ad id facientia recoligi, et in libro ad id præparato fideliter et diligenter describi ordinavit, et ad hoc ut fidelius et diligentius quoad fierit poterit hæc exequi possint, hujus sancti operis commissionem Reverendis patribus Spiritui Magnano canonico, sacræ Theologiæ Doctori, Paulo a Florentiis etiam ejusdem Theologiæ Doctori, coadjutori Rdi Dni Pœnitentiarii, et Spiritui Guiono ejusdem Theologiæ professori, beneficiato eccl. Carpent. cuilibetque eorum dandam esse censuit, prout dedit tenore præsentium.

Cosmus *epus Carpent.*
Esberard *secret.*

Extrait du Livre 9 du secrétariat de l'Évêché, 1624-1629 — Vol. 189-190 (Bibliothèque d'Inguimbert).

## B. *(Page 17.)*

*Suffrage du Saint Mors, ajouté, pour le clergé de Carpentras, aux suffrages du bréviaire.*

Pro commemoratione S. Clavi per annum.

*Ad Laudes et ad Vesperas.*

*Ant.* Foderunt manus meas et pedes meos ; dinumeraverunt omnia ossa mea, dicit Dominus.

℣. Et erit in die illâ, quod suprà frænum equi erit

℟. Sanctum Domino omnipotenti.

*Oratio.*

Clavus tuus, Domine Jesu Christe Redemptor, ad intimæ charitatis incendium nostri penetralia cordis aperiat, quem celebri tuo nutu transformatum in frænum, ad imperialia munimenta, in præsenti Basilica reponendum, ad perennem Passionis tuæ memoriam sempiterno consilio providisti.

Pour la comménoraison du S. Clou pendant l'année.

*A Laudes et à Vêpres.*

*Antienne.* Ils ont percé mes mains et mes pieds ; ils ont compté tous mes os, dit le Seigneur.

℣. Et il arrivera qu'en ce jour le mors du cheval

℟. Sera consacré au Seigneur Tout-Puissant.

*Oraison.*

O Seigneur Jésus-Christ Rédempteur, qui, afin de perpétuer le souvenir de votre Passion, avez éternellement voulu que le Clou transformé en mors, par une condescendance mémorable de votre grâce, pour la sauvegarde de l'empereur Constantin, fût déposé dans cette Basilique, faites que les replis les plus profonds de notre cœur soient ouverts par lui aux feux pénétrants de votre amour.

Cette même prière que récitaient les pieux visiteurs de la relique est imprimée au bas des images du saint Mors, répandues, depuis des siècles, parmi les fidèles. On en peut voir un ancien et curieux spécimen au musée de Carpentras. La relique y est tenue par un évêque agenouillé, en avant de la grille du *Trésor*, — reproduction d'une statue qui existe encore à la cathédrale ; — un prêtre lui présente un énergumène qui se débat dans des convulsions horribles ; les démons s'enfuient ; avant de sortir par la fenêtre, l'un d'eux se détourne en fureur vers le fer sacré et crache dessus. A l'oraison du saint Clou est jointe l'oraison de S. Siffrein, patron de Carpentras.

## C. *(Page 18.)*

AD BENEDICTIONEM SANTI CLAVI
CANTICUM.

Adsunt dies triumphales,
Quibus laudes immortales
Plebs fidelis concinit.

Psallat chorus ex affectu
Et laus ejus in conspectu
Supernorum civium!

Psallat illa veneranda
Sancti Clavi admiranda
Debita præconia!

Et hunc Clavum cuncti laudent
Nec ab istà sede fraudent
Celebri lætitià!

Quisque cantet, felix Clave,
Huic fræno dicens: Ave,
Cum suavi cantico!

Tu es potens in virtute;
Pro communi stas salute,
Quolibet in prælio.

Per te draco exturbatur,
Et draconis effugatur
Inimica legio.

Tu enervas hostis fraudem,
Et conservas Dei laudem
Inclitâ victoriâ.

Nos hoc Clavo protegente,
Nos hoc Fræno moderante,
Tanta sunt prodigia.

Hujus Clavi sub tutelâ,
Non timemus hostis tela,
Nec terrent pericula.

Ad hunc Clavum accedamus,
Et ad illum erigamus
Pura corda, supplices!

Ut superna nostri cura
Nos disponat ad futura
In cœlesti gloriâ! Amen.

CANTIQUE
POUR LA BÉNÉDICTION DU SAINT CLOU.

Voici les jours de triomphe pendant lesquels le peuple fidèle fait entendre d'immortelles louanges.

Qu'avec dévotion le chœur chante, et que ses accents s'élèvent en présence des habitants des cieux!

Qu'il chante les grandeurs, qu'il célèbre avec admiration les louanges dues au saint Clou!

Que ce saint Clou tous l'exaltent, que tous fassent résonner ces lieux des accents de l'allégresse!

O bienheureux Clou, que chacun te chante! Que, dans un harmonieux cantique, chacun dise à ce mors: Je te salue!

Tu es puissant en vertu; pour nous sauver tous, tu nous assistes au milieu de tous nos combats.

Par toi le dragon est terrassé; par toi sont mises en fuite les légions hostiles.

Tu rends vaines les ruses de l'ennemi; par ta merveilleuse victoire, tu gardes intacte la gloire de Dieu.

Tant que nous protège ce Clou, tant que nous modère ce frein, éclatent ces grands prodiges.

Sous la protection de ce Clou, nous ne craignons plus les traits de l'ennemi, aucun danger ne nous effraie.

Accourons donc à ce saint Clou, et que, dans nos supplications, montent vers lui nos cœurs purifiés!

Que sa vertu divine, s'étendant sur nous, nous dispose aux biens à venir dans la gloire céleste! Ainsi soit-il.

## D. *(Page 20.)*

### *Bref du Pape Clément VII.*

Clemens PP. VII

Universis Christi fidelibus præsentes has inspecturis salutem et apostolicam benedictionem. Illius qui gregem dominicum à morte perpetuâ suo pretiosissimo sanguine eripere dignatus est, vices licet immeriti gerentes in terris, ad ea per quæ animarum saluti consulatur, et ut illæ Domino lucrifiant, nostri ministerii partes solertiùs impartimur. Cùm itaquè, sicut accepimus, in ecclesiâ Sancti Siffredi Carpentoractensi, inter alia, sit unus clavus, quo Salvator noster Dominus Jesus crucifixus fuit, in frenum redactus, et in illius ostensione, à demonio vexati liberentur, et diversa alia miracula in civitate Carpentoractensi in dies ab omnipotenti Deo operentur, ac clavus ipse sæpiùs ostendatur : Nos cupientes in ostensione clavi hujusmodi, ad quem et ecclesiam ipsam, sicut etiam accepimus, venerabilis frater Jacobus, episcopus Carpentoractens., prælatus et secretarius noster domesticus, singulare gerit devotionis affectum, major veneratio exhibeatur, et condigna reverentia observetur, ac Christi fideles ad illius ostensionem devotè confluentes, spiritualium gratiarum muneribus reficiantur, ejusdem Jacobi episcopi piis postulationibus inclinati, auctoritate apostolicâ, tenore præsentium, statuimus et ordinamus quod de cætero clavus hujusmodi semel duntaxat singulis annis, videlicet die festi Sancti Siffredi, ordinariè ostendi debeat; sic tamen, quod liceat etiam aliis diebus illum propter egregias personas ad ipsam ecclesiam ob hanc causam confluentes, seu ex aliquâ aliâ honestâ et rationabili causâ ostendere, ac in extraordinariis ostensionibus hujusmodi, honor et reverentia debiti luminaribus accensis et pulsatis campanis exhibeantur. Et nihilhominùs de omnipotentis Dei misericordiâ ac Beatorum Petri et Pauli, apostolorum ejus, auctoritate confisi, omnibus et singulis utriusque sexûs Christi fidelibus verè pœnitentibus et confessis, seu confitendi propositum habentibus, qui infrà triennium proximè futurum ostensioni Clavi hujusmodi interfuerint, seu ecclesiam ipsam à primis vesperis usquè ad occasum solis ejusdem festi inclusivè devotè visitaverint, pro singulis annis dicti triennii quibus id fecerint, plenariam omnium peccatorum suorum indulgentiam et remissionem misericorditer in Domino elargimur, decernentes hujusmodi indulgentiam sub quibusvis suspensionibus, revocationibus, derogationibus similium vel dissimilium indulgentiarum, etiam in favorem Cruciatæ seu basilicæ Principis Apostolorum, de urbe ac ecclesiarum et piorum locorum quorumcumque, etiam motu proprio sub quibuscumque tenoribus et formis ac cum quibusvis clausulis et decretis factis et faciendis nullatenùs comprehensam, sed semper ab illis exceptam, et quotiens illæ emanabunt totiens in pristinum statum restitutam existere, et Christi fidelibus ipsis suffragari, ac medietatem eleemosinarum ex hujusmodi indulgentiis pro tempore provenientium singulis annis ad fabricam dictæ basilicæ Principis Apostolorum de urbe transmitti debere, non obstantibus constitutionibus et ordinationibus apostolicis contrariis quibuscumque; volumus autem quod infrà triennium litteræ sub plumbo expediantur, alioquin, ipso triennio elapso, præsentes sint nullius roboris vel momenti.

Datum Romæ, apud Sanctum Petrum, sub annulo Piscatoris, die XI maij MDXXVI, pontificatûs nostri tertio.

*Secretarius* DE TORRES.

**1[illegible].** *(Page 20.)*

*Copie d'une affiche gothique conservée aux archives de l'église Saint-Siffrein.*

—

## LE GRANT PARDON GENERAL

**de pleniere remission a leglise de Sainct Suffren de Carpentras.**

Nostre Sainct pere le pape Clement VII. qui est de present Lieutenant de Dieu en terre, Informe suffisamment que a leglise cathedrale de la cite de Carpentras fondee sur le tiltre et nom de Monsegneur Sainct Suffren, evesque et confesseur, y est lung des Cloux des quels le benoist Fils de Dieu fut attache et cloue a larbre de la saincte Croys le iour de sa tresamere passion. Lequel Clou iadis fut faict transmuer en forme dung mord ou frain de bride. Lequel Sainct Clou iournellement faict plusieurs grand miracles Et sur tout il gette et expelle des humains corps les malignes esperitz et diables vexans les creatures de Dieu. Entendant que ledict Sainct et venerable Clou plusieurs foys l'annee estoit monstre et descouvert a chescun qle vouloit veoir dont ne lui estoyt pas faicte telle reverence et honneur comme a telle relique apartient. A la requeste et priere du reverend pere en Dieu Monsegneur levesque de Carpentras nomme Jacques Sadolet prelat secretaire et familier domestique dudict Sainct Pere. Lequel evesque a grosse affection et deuotion audict tressaint Clou. Ueult et ordonne que dores en auant ledict Clou soyt demonstre et descouuert ordinairement vne foys tant seulement checun an cestassavoyr le iour de la feste et solemnite du glorieux confesseur amy de Dieu Monsegneur Sainct Suffren laquelle feste se celebre le xxvii du moys de nouembre.

Item nre dict Sainct pere le Pape Clement de l'autorite de Dieu Tout puissant et de ses glorieux apostres Sainct Pierre et Sainct Pol done et concede pleniere Indulgence et remission de tous peches a tous vrays confes et repentens ou ayans ferme propos de soy confesser qui seront presens a la demonstration dudict venerable et sainct Clou ou qui visiteront la dicte eglise de Sainct Suffren de Carpentras depuis les premieres vespres la vigile dudict glorieux Sainct Suffren iusques le iour de la feste a soleil couchant inclusivement.

Item veult et ordonne nostre dict sainct pere que les presentes indulgences ne soyent point revosquees suspendues ne derogues par quelconques aultres bulles ou indulgences faictes ou a faire jacoit que fussent pour la croysade ou pour la fabrique de leglise de Sainct Pierre de Rome ou du propre mouuement de Sa Sainctete soubz qlque forme ou teneur que ce soit a quelconques eglises ou lieux fauorables et pieux concedees du tepz passe ou a venir.

## F. *(Page 21.)*

Nous croyons devoir revenir à l'article de la *Revue des Sociétés savantes* qui exprime un doute sur l'authenticité du saint Mors de Carpentras. La *Revue des Sociétés savantes* est un recueil sérieux, faisant autorité dans le monde des érudits; elle sort de l'Imprimerie Nationale; elle est publiée sous les auspices du Ministère de l'Instruction publique, des Cultes et des Beaux-Arts; elle est l'organe du Comité historique établi près ce même ministère. Tous ces titres ne lui donnent pas l'infaillibilité ; ils devraient du moins imposer à ses rédacteurs cette sage réserve qui, même dans les questions froidement discutées, sous prétexte de science rigoureuse, ne touche pas à des traditions séculaires avant d'en avoir interrogé les sources, et qui surtout n'a pas la prétention de les *démolir* à l'aide d'un seul instrument pris au hasard et sans contrôle.

Voici à quelle occasion la *Revue des Sociétés savantes* attaque l'authenticité de notre relique. M. l'abbé André, correspondant du Comité historique, lui a envoyé l'*Inventaire des ornements de quelques évêques de Carpentras*. M. Darcel fait le rapport que reproduit la *Revue*. Il signale ces inventaires comme « renfermant l'indication du *spolium* « de quelques évêques de Carpentras et visant les ornements pontifi- « caux attribués au Chapitre après la mort des évêques, depuis l'an- « née 1328 jusqu'en 1578 (1). »

D'après le rapport de M. Darcel, se basant sur les notes de M. l'abbé André, — notes évidemment incomplètes ou mal comprises, — le Chapitre de Carpentras, dans sa réunion du 29 avril 1681, aurait délibéré sur le *spolium* de l'évêque Othon et rappelé, comme provenant de l'an « 1332, un instrument en parchemin de l'an 1328 le 5e du mois « de déc., notaire Ponce Geoffroy, qui est l'inventaire des choses sa- « crées faict par le chapitre au décès du seigneur Othon, evesque de « Carpentras, dans lequel sont mentionnées les choses suivantes : « Premièrement, un sainct clou, un des trois qui servirent au crucifie- « ment de Notre Seigneur Jésus-Christ, mis sous la forme d'un frein « de cheval, couvert les extrémités du frein d'argent. »

De ce fait, que nous rétablirons tout à l'heure dans sa vérité, M. Darcel tire les conclusions suivantes :

« Nous ne voyons point que M. l'abbé André ait mis des notes à « l'article relatif au célèbre saint Clou, transformé en mors de cheval « par Constantin, à ce que rapporte la légende, dont les églises de « Milan et de Carpentras se disputent la possession. Ce qui nous sem- « ble devoir diminuer l'authenticité de celui de Carpentras, c'est qu'il » n'est entré dans le trésor de l'église Saint-Siffrein qu'en 1338, comme « *spolium* de l'évêque Othon. Or, dans une *Notice historique sur le*

(1) Le *spolium* ou *dépouille* des évêques se composait des ornements, vases sacrés, reliques, etc., dont il ne leur était pas permis de disposer par testament, et qui, d'après le droit canon ou les coutumes, revenaient, non pas toujours au Chapitre de leur cathédrale, comme semble le croire la *Revue*, mais quelquefois au Pape, et quelquefois au Roi. (Voir, à ce sujet, Thomassin, *Discipline de l'Eglise*, 3e partie, livre 2e, chapitre 52 et suiv.)

« *saint Mors de l'empereur Constantin*, M. l'abbé Ricard s'efforce de « prouver par des preuves tirées des auteurs du XVII^e^ au XIX^e^ siècle, « et par la tradition, et par une foule de raisons qu'admet difficile- « ment une critique quelque peu sévère, que le saint Mors fait avec « l'un des clous de la croix, fut apporté directement à Carpentras par « un des croisés ayant eu part à la prise et au sac de Constantinople. « Le fait rapporté tout simplement par le Chapitre de Carpentras « démolit tout cet échafaudage d'érudition. Reste à savoir comment « cette relique, fausse ou authentique, est arrivée aux mains d'un « évêque du XIV^e^ siècle, d'où elle est passée dans le trésor de la « cathédrale. »

Nous ne reviendrons pas sur ce que nous avons dit déjà de la légèreté avec laquelle M. Darcel met sur le compte de la *légende* la transformation de l'un des clous de la croix, ni sur la prétendue rivalité entre Carpentras et Milan. Nous pourrions relever la hardiesse de ce raisonnement qui, du signalement d'un objet dans un inventaire, conclut, sans autre preuve, que cet objet ne figurait pas dans les inventaires précédents. Mais la discussion se présente à nous sous une face plus intéressante, puisque, pièces originales en main, il nous est facile de prouver que les documents sur lesquels s'appuie M. Darcel sont ou faux ou dénaturés.

1° La délibération citée du Chapitre de Carpentras, celle-là même qui *démolit*, etc , ne parle ni d'Othon ni du saint Clou. Nous la copions textuellement sur le *Livre des Conclusions*, invoqué d'ailleurs à tort comme contenant les inventaires : « Nous soussignés, chanoines « du vénérable Chapitre de l'église Saint-Siffrein..... avons conclu de « faire faire le rangement de nos archives comme une chose très « avantageuse aud^t^ Chapitre et pour ce avons comis et donné le ran- « gement d'icelles a faire a monsieur Lambert et lui avons promis pour « ses peynes la somme de uingt et deux livres argent de Roy lesquelles « nous nous obligeons lui payer scavoir la moitié après le travail « demy fait et l'autre moitié restante après le travail fini, Ensemble « de luy fournir et payer un copiste pour écrire sous luy tel que nous « voudrons ou qu'iceluy prendra. En foi de quoi nous avons signé la « présente. »

2° Il est vrai qu'à la suite de cette délibération, M. Lambert rédigea l'inventaire des archives ; il résulta de ce travail un manuscrit que conservait le Chapitre, et qui, pillé sans doute pendant la Révolution, a été retrouvé, en 1837, chez un brocanteur, et acquis par M. l'abbé André, lequel le possède encore aujourd'hui. Ce manuscrit, de 126 pages, a pour titre : *Rangement général de tous les instruments, tiltres et documents qui sont dans les archives de l'esglise cathédralle et paroissielle de Carpentras, rangées par ordre comme s'ensuit.* C'est là que M. André a trouvé la copie de l'inventaire fait, non en 1332, ni en 1328, ni en 1338, — car toutes ces dates sont inexactes, — mais en 1322, six ans au moins avant la mort de l'évêque dont on prétend que cet inventaire enregistre la *dépouille*. Il ne fallait donc pas dire *l'inventaire des choses sacrées faict par le Chapitre* AU DÉCÈS *du seigneur Othon, evesque de Carpentras;* il fallait copier exactement le manuscrit qui porte *faict par le Chapitre* ET *le seigneur evesque Othon*, ce qui n'est pas la même chose. Ainsi se trouve rejetée bien loin la question du *spolium* très gratuitement introduite; ainsi s'évanouit *l'arrivée de la relique aux mains d'un évêque du XIV^e^ siècle*; ainsi tombe *démoli tout l'échafaudage* dressé par M. Darcel, bien mieux que l'érudition de M. l'abbé Ricard n'a été démolie par une délibération capitulaire qui n'existe pas.

Ces erreurs cependant me paraissent tellement énormes que je me suis demandé s'il n'existerait pas un autre document, échappé à mes recherches, un autre inventaire fait réellement à la mort d'Othon et visant sa dépouille. M. l'abbé André, auquel j'ai fait part de mes doutes, a bien voulu m'écrire, — et je suis heureux de l'enregistrer à sa décharge, — que j'étais absolument dans le vrai, que la *Revue des Sociétés savantes* lui faisait dire ce qu'il n'avait pas écrit, et que, dans cet article, comme dans un autre antérieurement rédigé d'après ses notes, les erreurs avaient été accumulées par la faute de l'imprimeur.

Il reste donc bien avéré que ce fameux inventaire qui a introduit le doute dans l'esprit de M. Darcel, relativement à l'authenticité du saint Mors, n'est autre que l'inventaire fait du vivant de l'évêque Othon, et par ses ordres, de tous les biens mobiliers de la cathédrale, et que, loin de présenter la relique comme appartenant de fraîche date au prélat, ce document constate qu'elle est la propriété de l'église de Carpentras depuis un temps indéterminé. Le texte même qu'il est facile de produire, puisque la Bibliothèque de notre ville en possède le parchemin original, établit avec insistance ce caractère de propriété. Citons-en quelques passages; les lecteurs de la *Revue des Sociétés savantes* y trouveront, non sans plaisir, les objets même que ce recueil signale comme dépouille personnelle de l'évêque.

In Christi nomine amen. Anno in incarnationis ejusdem millesimo trecentesimo vigesimo secundo die quinta mensis decembris noverint universi et singuli, presentes pariter et futuri, quod venerabiles et eminentes viri domini Alberonus præpositus ecclesiæ Carpen. et Rostagnus Malisanguinis ejusdem ecclesiæ canonicus, per Rdum in Christo patrem et Dominum D. Othonem, permissione divina episcopum, ac venerabile capitulum ecclesiæ prædictæ

Carpent. commissarii, ut dicebant ab infra specialiter constituti et ordinati, videlicet ad videndum et recognoscendum nomine et vice ipsius capituli et pro ipso capitulo, sanctissimas reliquias, thesaurum, indumenta sacerdotalia, pontificalia et alia, libros, apparamenta et alia quæcumque bona mobilia ecclesiæ præfactæ Carpent. quæ venerabilis vir Dominus Joannes Olivarii ejusdem ecclesiæ sacrista in custodia ab ipsa ecclesia et capitulo prædictis habere dicitur et tenere, ac de reliquiis ipsis, thesauro, et aliis bonis omnibus et singulis mobilibus, ipsius ecclesiæ nomini et vice ipsius capituli, et pro ipso capitulo, inventarium seu repertorium faciendum in præsentia præfacti Dni Joannis Olivarii sacristæ ac mei Pontii Gaufredi notarii et aliorum testium subscriptorum, prædicti Dni commissarii invenerunt et conscribi fecerunt per me dictum notarium reliquias sanctissimas, thesaurum, indumenta sacerdotalia, pontificalia et alia, libros, apparamenta, et alia bona mobilia ipsius ecclesiæ infrascripta.

In primis unum ex sanctissimis clavis seu acculeis cum quibus Dominus noster Jesus Christus in die SSmæ passionis suæ pro salute humani generis in ligno crucis extitit crucifixus et perforatus sub specie fræni equini reductum coopertum de argento in parte.

Item SSmum corpus Sti Siffredi, etc.

Item ex alia parte brachium ejusdem Sti Siffredi, etc.

Item caput B. Antonii quondam Carpent. episcopi, etc.

Item unam ex costis gloriosissimi martyris Sti Laurentii, etc.

Item caput cujusdam e virginibus de numero undecim millium virginum, etc.

Item quoddam vasculum de cristallo cum pede argenteo et alias bene paratum et ornatum in quo portatur corpus Christi in die festivitatis eucharistiæ.

Item mitram unam cum lapidibus grossis, etc., etc.

Et l'inventaire continue, énumérant 104 articles qui se terminent par la déclaration suivante :

Dicens etiam idem D. sacrista solenniter protestans quod si aliqua de præfactis vel aliis bonis in præsenti inventario appositis vel apponendis non essent revera de bonis ipsius ecclesiæ, quod illa non intendit in sui præjudicium haberi pro appositis, et quod nullo dolo, calumnia vel malitia aliquid apposuit vel omisit nec omittet si quid omitteretur quod sit apponendum de jure.

Voilà donc dans quelles erreurs tombent parfois les savants, faute d'étudier à fond les questions qu'ils abordent. En nous en tenant au sujet qui nous occupe, nous aurions pu relever une foule d'autres énormités. Citons-en encore une.

Le grand *Dictionnaire encyclopédique de la théologie catholique*, traduit par le chanoine Goschler, et rédigé par les plus savants professeurs et docteurs de l'Allemagne catholique moderne, dit (art. *Croix)* que l'empereur Constantin fit placer l'un des clous de la Passion à *l'un des étriers de son cheval*. Je voudrais bien savoir où l'auteur de l'article a pris cela.

## G. *(Page 27.)*

Des divers documents relatifs au transfert du saint Mors pendant la Révolution, nous nous contenterons de citer le suivant :

| LIBERTÉ | ÉGALITÉ |
|---|---|
| Département de Vaucluse. | Carpentras, le 2 du mois frimaire |
| Arrondissement de Carpentras | de l'an XI |
| N° 1082. | de la République française. |

LE MAIRE DE LA VILLE DE CARPENTRAS
*au citoyen* JÉHAN, *bibliothécaire.*

La Relique, connue sous la dénomination du *Saint-Cloud* ayant été déposée à la Bibliothèque dans un tems où le culte n'étoit point autorisé publiquement, et étant d'usage en cette ville que, le jour de la fête de S. Siffrein, elle est exposé dans l'Eglise à la vénération des fidèles, il devient nécessaire qu'elle y soit incessamment transférée. Je vous prie, à cet effet, citoyen, d'en faire la remise au citoyen Justiniani, desservant l'église paroissiale de cette commune, qui vous en délivrera une décharge.

Je vous salue.

CABANIS, *Maire.*

(Extrait du livre des délibérations de la Bibliothèque de Carp., p. 118, verso.)

FIN

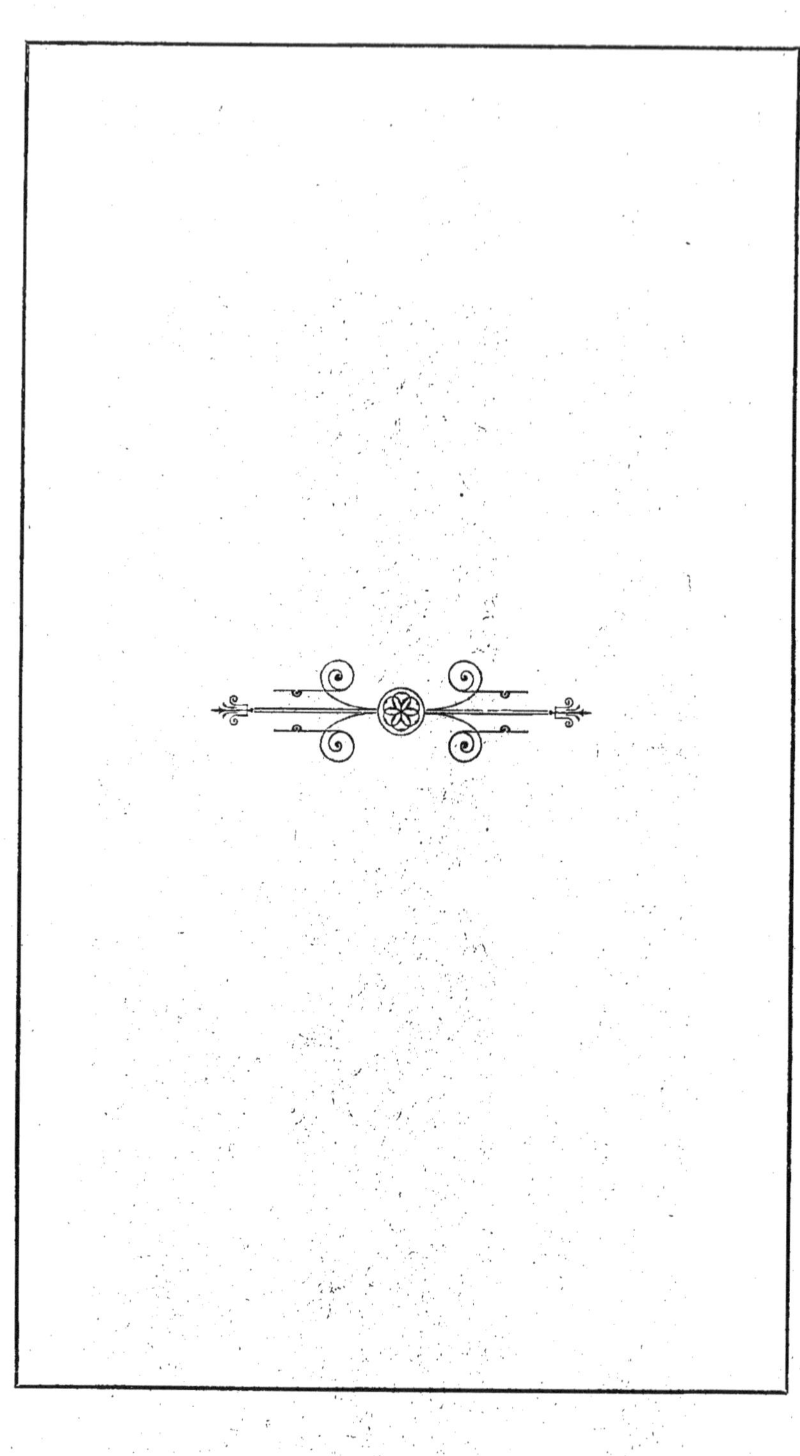

www.ingramcontent.com/pod-product-compliance
Ingram Content Group UK Ltd.
Pitfield, Milton Keynes, MK11 3LW, UK
UKHW021515260726
13993UKWH00004B/1684

9 782329 172446